Federico Malipiero

Jungfraun-Raub der Sabinerinn

Federico Malipiero

Jungfraun-Raub der Sabinerinn

ISBN/EAN: 9783743471245

Hergestellt in Europa, USA, Kanada, Australien, Japan

Cover: Foto ©ninafisch / pixelio.de

Weitere Bücher finden Sie auf **www.hansebooks.com**

An den Leser.

Ie eusserlich-würckende Tugend/ würcket so viel hefftiger/ je ehftiger sie gereitzet unnd angetrieben wird. Wan sich jemand wundern wolte/daß ich mehr als mit einem Buche auff der Schau-Bünen der Druckerey zuerscheinen unterstehe; Der muß seine Augen auff einen Adelich-gebohrnen Menschen richten; dar-vor ich mich / (nach Göttlicher Gnade) rühmen kan/ der selbst erkennet/daß Er sich in der Tugend zu üben/ verpflichtet sey/ (selbige auffzumuntern/ damit sie würcken möge) darumb er sie anzufri-schen und anzutasten mit grossem Ernst und Fleisse suchet. Ich pflege zwischen dem Eyse zu schwitzen/ und zwischen der Hitze zu frieren/ Die edele und hoch-wichtige Zeit/in unstrafbahren und lob-

A ij   würdi-

 handeln und Verrichen¿et
¿en und hinzubringen. ¿¿
¿meiner Bücher habe i¿ ¿¿
¿n Freunden zu gefallen un¿
¿de zuersättigen/als aus ¿¿
¿d Behagen meines ¿¿¿¿
¿lich gegeben/ich erwe¿¿¿
¿Sache offtmals mit ¿¿¿¿¿
¿in meinen Gedancken/¿¿¿
¿etrieben befinde/selbige ¿¿
¿se zu legen/ nicht daß ¿¿.
¿hrsüchtigen und hochfl¿¿¿¿
¿e trachte/ sondern vielm¿¿
¿nnenen Rahte eines Fr¿¿¿
¿nich solches zuvolbringe¿ ¿¿
¿che entgegen zu streben. ¿¿
¿ daß/wie die Geschich¿e ¿¿
über die Maßen gefallen/ a¿¿
¿ch mich gantz willigst d¿¿ ¿¿
¿e mit aller wolgefälligen ¿¿
u setzen. Ich will eine Er¿
¿ wenig Reien vorzubringe¿
¿en/ und über dieselbige ¿¿¿
¿hirnes schwachen Kr¿¿¿¿
¿ande auffübren/ welch¿ ¿¿¿
¿ ¿¿¿eb.

geliebter Leser/mit Danck woll
den anzunehmen dich nicht
lassen.

Diese seyn die geraubt￼
rinnten / welche die Röme￼
Erbawung einer solchen hof￼
waltigen Statt ihren ben
Völckern wegen jhres Stat￼
entführet. Der Geschicht-
Livius erzehlet mit wenig W
gedenckwürdige That/ ich ha
der Geschichte bedienet / u￼
von dem Meinigen auffs ne
und ausgeführt. Ich hab￼
fungen Tagen und frischen
nes Lebens. Aber mich auf
tieffsinnige Wissenschafften g
darzu der Anführung und
sung hochverständiger Lehr-
brauchet / dadurch ich sond￼
wichtige Dinge erlernet.
dungen derselbigen schwebe￼
meiner Weise anjetzo so feste￼
nüsse; Daß wie ich nicht ge￼
bere zu kehren/ ich mich tröste￼

selbst bey vorfallender Erfoderung, da
Nohtwendigkeit und der Zeit zubedie-
nen. Ich muß bekennen/ daß solche
die von meinen Præceptorn ererbte
Schätze und Reichthum seyn/ welche ic
so hohen Preises schätze/so hoch ich mic
denen verschuldet befinde/ die mir solche
gelehret. Ich habe mich aber allerwe
von mich selbst der guten Künste und S
lahrten Wissenschafften beflißen. Da
um ich sie mit gantzen Gemüht ergrei-
fe und übe/ weil (wiewol ich wenig da-
inne vermag) darum kein Mangel z
spüren / daß ich nicht die Belustigu
empfinden solte/ die ich von einigen E
oberung grosser Güter von mir selbst
sehen/vielmehr zu beproben pflege a
wan sie mir andere zur Erbschafft nac
gelassen. Verzeihe mir demnach/mein
lieber Leser/ wan ich dich etwan mit eigen Schrifft-Wercken Gelahrter W
senschaften verdrüßlich seyn möchte/da
diese Gattung der Verborgenheiten
stehet von dem unaufhörlichen Ge

A

meiner Arbeit und schwitzender Wach-
samkeit.

Die Sitten Lehre brauche ich meine
Bücher vollkommen zu machen/ und be-
diene mich derselben / wie ein Kunst-
Mahler des Schattens/ welche die Bild-
nisse und Staltungen desto eigentlicher
zuentwerffen geschickt seyn.

Entschuldige mich auch / der du meine Schrifften lesen wilt/ wann ich alle
Zelegenheiten Liebes-Sachen und andere Eytelkeiten vorzubilden meyde/ weil
ich mir einbilde durch derer Gebrauch
würde meine Feder nur Rauch und
Schmoch auff das Pappier ausstüffen/
das ist denen Augen wunderssohme Er-
habenheiten und anzuschauen angenehme Dinge auffdunsten lassen/ welche a-
ber jhrem Wesen nach bald verrauchen
und verschwinden : dann meine grüne
lustige Wohnstatt von solchen gantz befreyet; die Veränderung meines Lebens
verstattet mir solches nicht/ und der Weg/
worauff ich mich begeben/ zeiget mir andere Richtsteige.

A iiii   Das

Das ist mein erstes Buch nicht/ wel
ches die Druck-Pressen in die Welt auß
gehen lassen.   Ich habe viel andere ge
schrieben (mit meiner stetlichen Ve
wunderung) welche dir/ geneigter Leser,
alle angenehm gewesen/ und sonderlich
gefallen.   Die Geistlichen haben kein e
Veranlassung die Feder in unehrbaren,
schamlosen Erzehlungen und Begeben
heiten/ anzusetzen.   Die Geschichtschre-
ber haben meinen Lauff durch ihre Feld
auff der Bahn der Sitten-Lehren zu der
Zwecke der Politicke oder Welt-Klu
heit gerichtet :   Des Jupiters Trau
aber / welcher bald erwachen und an
Licht kommen wird/ der mit vielen u
pigen/ wollüstigen Sachen bespicket is
hat viel zum Nachtheil der Ehrbarke
verursachet/ zu thun und vorzubringen
daß ich zum Pohl und Leit-Stern d
Stetigkeit gelanget. Das Schiff/ wo
auff diese Feder gefahren/ ist bereit i
den Hafen der Sitten-Schule eingel
gelt/ ob solches gleich von selbigen ge
ken Winden getrieben worden / die e

il

zerschmettern und nicht an die Klippen
der Unhöflichkeit anstoßen laßen wollen

Ich kan nicht abläugnen/ daß einer
gelahrten Schreibenten nicht solte ver
gönstiget seyn einigen angenehmen/ ihr
leben Stück mit der Feder zu ziehn und
außzufertigen/ deſſen an ſtatt des Se
felſteins zu brauchen/ damit er das Ei
ſen des Willens eines Leſers den eigend
lichen und meiſten Inhalt des Buches
zuverſtehen/ anſtehen möge; ich wolte
aber diejenigen wol verwünſchen/ welche
mit einem unhöflichen Anfang ſolches
ſchädliche Giffte biß zum euſſerſten Ende
ihrer Schriffe-Wercke auff ihrer Zungen und Feder mit führen Ich halte
dürvor/ ein kluger Schreiber ſolle denen Spinnen gleich ſeyn/ welche über
die Aeren einer reiffen Saat/ und über
das Waſſer eines ſchlipfrichen Meeres
lauffen/ dieſes nicht zertheilen/ noch jene
zerdrücken und brechen Eine ſolche kleï-
ne kluge Feder/ ſie flieget mit luſtigen und
anmüthigen Erzehlungen über die Aeren und Waſſer Willen der ehrbareſten

Sie

Gleicher Welt gar mit leichen Füßen
und Freuden. Solst er mit auf die

Gepreiset sey mein Pallas, doch wann
du tüchtige Seiten deiner Harffen auch
Zeiter mit der Hand oder Fingern ein
wenig gelinder gerühret/ hastu solches aus
aus Zeitvertreibender Lust gethan/ und an
ders nicht angewohnet als den Rand
derer Gefäße zu versüßen/ in welchen du
die heilsame Artzney vor alle Kranckheiten verwahret gehalten.

Mein lieber Leser/ ich schreibe nicht einen andern zu unterweisen/ und in die
Schule zu führen/ ich gehe aber ein wenig zu weit fort/ umb einige zu befriedi-
die mich vor gar zu Sittig halten/ ich
wollen ihnen gefallen lassen meine Entschuldigung vor bekant anzunehmen/
Das Schreiben ist ein unablässiges Reden von Nachkommen zu Nachkommen/
Ich wurde mir zu viel unternehmen/
leichtfertige unzüchtige Dinge zu schrei-
ben/ so denen Nachkömmlingen vor Augen und Ohren zum Vorbilde selten ge-
stellet werden. Dieweil ich vor dem
höch-

höchsten Richt-Stuel GOttes nach ab-
geleger Reise in diesem irdischen Wan-
del/ anders nichts erwarten könne/ als
ein Urtheil des Jammers und Leydkla-
gens. Weil vor demselbigen nicht die
zertheiligen/sondern die einfachen unzer-
theiligen Dinge des Menschen auff eine
richtige Gleich-Wage geleget werden.
Du wirst vielleicht innerhalb eines Mo-
nats des Homerus Ilias, auß der Griechischen in die Tuscanische Sprache
nicht mit einer Poetischen sondern
schlechten Feder übergesetzet sehen; welche (ob sie gleich hoch zunennen) Preißbar genug zu schätzen/daß sie der grosse
Welt-Herscher Alexander unter seyn
Haupt-Küssen des Nachtes geleget/und
sie die rechte Anleitung und Unterwei-
sung zu allen Kriegs-Händeln genant.
Sie seynd von mir in die reineste und
zierligste Italianische Redens-Art über-
getragen/der Verstand bleibet gantz/wie
ihn Homerus in selbigen verfasset. Ich
habe die Manier zu reden/die Sinnigen
Gedenck-Sprüche und die Wörter nach

A bj   des

der Natur und Zustand der jetzigen Welt
gerichtet/ich habe alle hohe Beschreibun-
gen des Authors dahin gezogen / daß sie
eine jede Person wes Standes sie seyn/
solches verstehen kan / die Politischen
Haupt Regeln/zum Kriege und Staat
gehö ige Anmerckungen bleiben des Homerus, seyn aber nach heutiger Gewohnheit verkleidet. Mit Kurtzen zu sagen/ich
habe den algemeinen Früchten der Ge-
lahrtheit zu Liebe und Gefallen allen mög-
lichen Fleiß angeleget. Jetzo gehe ich
desselbsten Homerus Ilyßea durch/wel-
che ich gleichfals in unsere zierligste Jta-
lianisch Sprache verdolmetschet/ ich be-
rühre und verbessere die Fehler / welche
von den ersten Entwerffungen der Feder
erwachsen. Sie wird nach der Ilias/
oder Beschreibung der Trojanischen Be-
lagerung und Zerstörung/ans Licht kommen / und wird der geneigte Leser sehen/
wie ich in einem weiten Meer/in welchen
sich Gelegenheiten Augenscheinlicher
Wolluste blicken lassen/meine Gänse Feder in eine Perlen-Mutter Muschel ver-
wan-

wandeln wollen / welche in dem ge-
saltzenen Meer schwimmende keinen
einigen Tropfen bitteres Wassers in sich
sauget/sondern nähret sich allein von dem
süssen und Perlenreichen Himmelsthaue.
Also habe ich die Seele dieser meiner Jo-
der mit angenehmer/ lieblicher Speise
ehrbarer und sittlicher Gleichnüsse unter-
halten und auferzogen.

Ich wende mich aber endlich von denen durch meine Feder in den Druck ge-
gebene und annoch unter der Presse liegende Sachen wieder auff dieses mein
Büchlein/ und gleich wie ich (O gön-
stiger Leser solches mit freudigem Gemühte dir einhändige) die Zu-Schrifft
dem Drucker übergeben/ohnvermuhtet
sehe / daß solches von ihm unter den
von gülden Stück verfertigten Kleidern
des vortrefflichen Ritters H. Carrari,
sein Liecht erlanget; so wird mein Gemühte dahero mit sonderlicher Ehrsucht
eingenommen. Ich geschweige des hohen Ruhmes und Ehren eines so ansehnlichen Rahts-Herrn / weil ich ver-
hoffe selbige werde mir einmahl bessere

Gelegenheit meine Arbeit und Fleiß zu
begünstigen erscheinen lassen. Die Lufft
der Vortrefflichkeiten eines so Heroischen
Ritters/ hat ihn auff die höchste Staffel der Verwunderung erhaben/ daß
ich zweiffle (wann ich mir unternehmen
solte den hohen Flug des Gemühtes und
Ehren-Lobes nachzufolgen) ob ich nicht
gezwungen werde die Flügel sincken zu
lassen/ und wie ein neuer Phaeton in
den Mittel-Punct der Verwirrung herab zu stürtzen. Es wird eine Zeit commen/ daß (auf dieses seine Großmühtigkeit mich verlassende) meine Dinte
und Feder seiner Hochheit ihren gebührenden Tribut ablegen werden/ und
muß mich seiner / als meines Schutz
GOttes bedienende/ dem ich in meinen
ersten Jugend-Jahren/als ein auffrichtiger und gehorsamer Diener aufgewartet/zuerkennen geben/daß die Grosen sehen
lassen daß sie grosse Herren seyn/ wan sie
mit frölichen Augen die Opfer und Gabe
der Niedrigen und Geringen anschauen
und annehmen/ und du mein lieber Leser
gehabe Dich wol.   Die

Die geraubten Sabinerinnen.

Je Jagd- und Wild-Bahnen waren nunmehro geschlossen, die Förster und Wälder verlassen, da sich die beyden Zwillinge, der Rea Söhne sich von der Gemeinschafft der wilden Thiere abgesondert und sich in die Statt gewandt, da sie sich in das angenehme Statt-Wesen und Bürgerliche Sittigkeit entzückt, und in die Menschliche Gesellschafft verliebt befunden. Ich wil des Amulius Todt nicht gedencken, noch des Numitors Bewegung und Rüstung nebst andern beschriebenen Händeln, erwehnen, welche in den Uhralten Geschicht-Büchern begriffen seyn.

sondern richte meinen Weg gerahde auf
die Erbawung und Grund legung der
ersten Haupt-Stadt der Welt.

Sie begunte bereit in den Ansehn des
Sonnen-Lichtes herlich und gewaltig zu
prangen/ und ihre Mauren und Thür-
me hielten einen Wett-Streit mit der
schönen Pracht des Himmels/ wie die
beyden Brüder wieder einander in
Kampff gerähten/ und der Romulus
viel eyfricher und mühtiger als der Re-
mus/ selbigen überwunden und erschla-
gen/ und die Statt von dem Nahmen
des Bruder-Mörders Roma genandt
worden. Er/ zu bezeugen/ wie hoch dieselbigen Oerter zu halten / woselbst die
Menschen ihre erste Milch gesogen und
ihre Pflegung gehabt/ hat alsobalde alle
andere Häuser und Wohnungen in der
Stadt verlassen/ und auff dem Berge
Palatinas, auf welchen er seine Aufer-
stehung gehabt/ eine Festung geleget/und
aufgeführet. Da hat Er/ seinem Vorhaben und Wercken einen guten Anfang
zu machen/ weil ein Altar dem Him-
mels-

mels-Gotte gewydmet / aldar gefunden
worden / einigen Göttern Opfer ge-
schlachtet/darbey er sich des Gottesdien-
stes und Opfer-Gebräuche der Albaner
bedienet/ welche Völcker seine Freunde
und näheſten Nachbaren / umb ſich mit
ihnen in Gemeinſchafft einzulaſſen; dieweil die Gemühter der Sterblichen zu
fangen/treue Freundſchafft zu ſchlieſſen/
und feſte Vertrauligkeit zu machen/ die
beſte Kunſt eines Menſchen/ ſo da vor-
ſichtig und verſchlagen ſeyn will/ iſt/ ſich
in die Naturen und Eigenſchafften der
Leute lernen ſchicken/ihren Sitten nach-
zufolgen/und zuergreiffen;und denſelbi-
gen Weg zu gehen / welchen der jenige
gewandelt/ uns deſſen Freundſchafft einer Gewinn und Vortheil zuerlangen
verhoffet.

Romulus hat auch wol verſtanden/
daß in denſelben Gegenden Hercules
nach dem Ableiben des Gerions (wegen
der Beſchutzung des Leanders/) einige
gewiſſe Gottesdienſte und Opfer geordnet und eingeſetzt;welche deswegen Romulus

mulus selbst solche zu brauchen, gewohnet,
und nachmaln von Jahren zu Jahren
durch den gantzen Regiments-Lauff des
Römischen Reiches bey den Nachkommen blieben / wie ich solches an einem
andern Orte anzuführen mir vorbehalte.
Weil aber die Geschichte von der An-
ordnung dieser Opfer etwas ausser unsers Vorhabens Schrancken weichet/
will ich albier Erlaubnuß einer kleinen
Weile nehmen/ solche zuerzehlen/ bevor
ich auff die Geschichte schreite/ die ich zu
beschreiben gesonnen.

Man saget/ daß nach des Gerionis
Tode/ Hercules an den umbliegenden
Oertern eine Herde schöner Ochsen zu
weyden geführet. Wie Er an den Ty-
ber-Strande mit seinem Viehe kommen/
hat er solches ins Wasser gejaget/ welche
auf sein Wencken und Antreiben durch
den Fluß geschwummen/ denen er gefol-
get/ und sich auff eine grüne/ und Gräß-
reiche Wiese niedergelassen. Weil Er
nun etwas ermattet und müde gewesen/
hat Er sich zu ruhen niedergeleget/ und
da

da Er seine Mattigkeit mit Speise und
Weine etwas gelabet und erfrischet/ ist
Er endlich in einen unempfindlichen
Schlaff gefallen.

Es befand sich aber in einer nahege-
legenen Höle (da Hercules eingeschla-
ffen) ein Hirte/ nahmens Caccus, der
von Natur ein arglistiger Mord- und
Raub Vogel war/dieser/ nach dem Er
des Hercules Viehe ansichtig worden/
so sehr Feist und Schön waren/hat Er
sich in sie Verliebet/ Er fand den Hil-
ter schlaffen/nahm derowege einige Ochsen der schönsten beym Schwantze/und
sog sie hinterwarts in seine Höle, damit wan Hercules erwachet/ Er von denen in des Erdreich abgedrückten Fuß-
taapfen welche dem eingang/so die Ochsen in die holtzGrufft thun müssen/endt-
gegen gelauffen/sich betrogen befünde/
weil es scheinete/ daß diese Thiere einen
andern Weg vorsich genommen.

Wahrlig der Dieb war verschlagen/
der Dieb Seal preißbar/und die Kunst
zu Stehlen von diesen Vieh - Hirten
wol

wol geübet. Die sich auff dergleichen
weise und wege von eines andern Habe
und Gütern zu leben/ leget/ der hat seine Anschläge/ wie alle andere dinge/ bey
der hande. Verfügte sich derowegen
Caccus in seine Höle/ und versperrete
inwendig die geraubten Ochsen. Daß
Merckmahl ihrer Füsse zengete einer ver-
wirreten Weg und irre an. Auff solche
weise hoffete der Raub-Vogel den Dieb-
stal sicher zuverbergen und der Gefahr
des Hercules zu entfliegen.

Wie aber das schöne luffte Volck die
hervorgehende Morgen-Röhte mit ihren lieblich-singenden Zünglein bewil-
kommeten und begrüsseten/ hat sich Hercules auß den Schläfe ermuntert/ seine
herde Viehe auf der Weide gezehlet/ und
befunden/ daß ihm der schönesten und
besten Ochsen eine grosse anzahl geman-
gelt. Sein Gemühte hat sich durch
gleichen zufall geändert/ wie Er seine
Augen auf die eingetretenen Fußstapfen geschlagen/ und wie Er ihnen ver-
wirret weise gefolget/ hat Er sich betrogen

gey gesehen. Weil sie vorwares in dem
Erdreich außgedrückt gewessen/ deutetes
sie betrügliche Füß-tritte an.

.. Wie Er nun mit seiner Herde vor
des Caccus Schlupf-loche angelanget/
welche ihm übrig gelassen waren/hat Er
keine ablenckung gemacht / daß Er seine verlohrne Ochsen daselbst solte wieder
finden / weil die Fußtapfen einen andern Weg anzeigeten. Der Himmel
aber / dem alle Mißhandlungen miß-
fallen/ hat gewolt/daß sich dieser Dieb-
stal selbst entdeckete / dan wie des Hercules Herde Viehs gegen die Pforten
des Caccus Höle kommen/ haben die in
der Höle verborgene angefangen Zu-
brüllen/ wie sie das Brummen darau-
sen vernommen / denen diese auff das
schreien derer versteckten geanwortet/ dadurch Hercules hinter die kunde kommen/
das diese Höle seine entführte Ochsen ver-
deckt hielte Darauf sich Hercules nach dē
loche der Wohnung des Hirten gewant/
die Thüren mit gewalt entrangelt/(wie er
,e verrigelt gefunden) dem Caccus mittē
auf

auf dem Wege entgegen kommen / welcher ihm den Eingang zu verhindert
gesucht. Da Er seinen eigenen untergang gefunden / dan die jhn Hercules
im hefftigen Eyfer leichte einbilden können / daß der ihm entgegengestrebet ein
Räuber were / hat Er mit beyden Händen seine grosse Keule aufgehaben / und
dem Hirten das Haupt zerschmettert
daß das mit Bluhte vermischte Gehir-
ne auf die Erde gesprützet.

Diese Exempel seynd vor diejenigen
so jhren Mitgesellen an seinen Ehren o-
der Gühtern antasten / jhnen offter den
Untergang erwerben. Des Todes-
Pforten werden von der Menschlichen
Schwachheit leichte eröfnet / versuchet
der findet den Weg eines schleunigen
Sterbens gar leichte. Die Hirten
haben ihre Zuflucht auf Anmeldung
des Todes-Falles des Caccus, zu ihren
Führer den Griechischen Evander genommen und des Alcides Sohn ver-
klaget. Evander ist wegen sonder-
Ursachen aus dem Peloponessus ge-

tges Tages Morea) gezogen/ und hat
sich in Italien gewandt/ da er über diese
Vieh-Hirten regieret / weil Er wegen
seines hochwürdigen Ansehens darzu
verpflichtet worden/dann Er der Freyen
Künste wol erfahren/in der Rede-Kunst
geübet/ ihm auff solche Weise den Weg
ur Herschafft eröffnet und zu der Hoheit des Reichs erhaben / dieweil die Tugend auch von den Unverständigen selbst
gefürchtet wird / die Gewaltigen lieben
sie und schauen sie mit Verwunderung
an/ die Helden belohnen sie/die Barba-
rischen Leute ehren sie/ die Groben wür-
digen sie/ und sie macht sich denen Ty-
rannen selbst erschrecklich.

Zu diesen absonderlichen Eigenschaf-
ten und Zustande des Evanders ist noch
hinzu kommen/ daß seine Mutter Car-
menta in grossen Würden gehalten wor-
den/ wie nach ihr der Sibille geschehen/
dan weil sie zu erkennen geben / daß sie
eine Wahrsagerin/hat sie sich so ansehnlich und berühmt gemacht/wie des Apol-
lo Orakel zu Delphis/ oder einiger anderer

derer falſcher Weiſſage-Geiſt/ aus d...
rer Munde und Zungen die Teufel g...
redet, und das elende blinde Heydniſc...
Völcklein zu betriegen gewuſt. Hercu...
les mit einer Löwen-Haut bekleidet/ i...
der Rechten ſeine Keule führende / di...
Lincke in der Seiten ſtutzende / iſt v...
des Evanders Richter-Stuel erſchiene...
in Geſtalt eines Donner-Gottes Jup...
ters/ ſo von einem Kunſt-Mahler Ph...
dias geſchildert werden mögen. Evan...
der hat ſich über einer ſo trotzigen Gegen...
wart entſetzet/ über die freche That ve...
wundert/ und geglaubet es were Mar...
ſelbſt von ſeiner fünfften Himmels-Re...
ſidentz hernieder geſtiegen. Erhebet ſic...
ohne ferner Bedencken von ſeinem Rich...
ter-Stuele/ leget die ſtrenge Ernſthaff...
tigkeit eines Richters ab; entkleidet ſic...
des Majeſtätiſchen Purpurs eines Für...
ſten; gehet ihm entgegen/ beuget ſein...
Knie biß zur Erden; hänget ſich an ſe...
ne Knie und ſchreyet mit lauter Stim...
me/ du ſeyſt was vor ein GOtt du willt...
ſo ehre und anbete ich dich.

Was

Wan du Gott Mars ergrimmet kommen bist/ die Mißhandlungen zu straf-
fen/ so sihe die menschliche Demuth mit
gnaden an/ die Vergebung suchet/ver-
zeihe und schencke uns die Fehler/ und
um das zerknirschete/ wehmütige Her-
ze des Fürsten vor alle Sünden und
Schulden des gantzen Volckes in barm-
hertzigkeit an.

Hercules antwortete mit grosser ernst-
hafftigkeit/ und sagte/ stehe auff/ du sie-
hest einen Menschen / redest zu einen
Menschen/ und gehest mit einen Menschen umb. Deine Gebuhrt ist meiner
gleich gewesen/ und dein Absterben und
Tod wird meinen gleich seyn/ du hast
weder den Jupiter noch Mars vor Au-
gen/ ich bin Hercules bey nahe des Jupiters Sohn. Evander erhub sich balde wieder auff seine Füsse unnd saate/
Gott spare dich gesund du grosser Hel-
den-Fürst Hercules. Meine Mutter
(eine unfehlbare Warsagerin) hat mir
eigendlich angedeutet/ du seyst in dem
grossen Raht der Himlischen Götter er-
B   haben/

haben/ das du einer unter den Göttern
seyn solest / das du würdest anhero
kommen/ und das dir an diesem Ort
ein Altar solte aufgerichtet werden. Ich
sage einen Altar / welchen das reicheste
und mächtigste Volck der Welt erbau-
en würde. Daß daselbst dein Gottes-
Dienst in dem Tempel auff die weise sol-
le verrichtet werden/ wie du die Opffer
und Ceremonien selbst geordnet und ein-
gesetzet.

Hercules ergreiff den Evander bei
der Hand und antwortet. Ich nehm
diese gute Prophecyung willig an/ver-
heisse den Worten deiner Mutter Car-
menta nach zu kommen. Und opfert
also balde einen schönen Ochsen. Zu
dem Opfer-Diensten erwehlete er ihm
Leute aus zwey adelichen Geschlechter
der Potitier und der Pinarier/die solc
verwalten müssen.

Die Potitier seind mit starcken schrit-
ten fortgeeylet / und zu der Zeit ange-
langet/wie das Eingeweyde des schlach-

Pinarier aber haben sich erst eingefun-
den/ wie solches Opffer bereit zu Aschen
verbrant gewesen. Derowegen von
Hercules beschlossen worden/daß denen
Pinariern nimmer solte zugelassen werden von den geheiligten Eingeweyde zu
essen. Weil ihre Unbesonnenheit und
Nachläßigkeit genugsam zuerkennen
geben / das sie wenig auff die ihnen beschehene Ehre achteten; Dan wan die
Fürsten/ ihre unterhabende Leute in ihre Hoff-Statt fodern lassen/ sollen sie
Flügel anlegen/ desto geschwinder zuey-
len / nach dem die Verzügerung und
Faulheit die Gnaden Gaben und ver-
heissungen von höhere hand angetragen
seynd gewisse Kennzeichen einer Ender-
ung derselben / so von grossen Herren
Gunst erwarten; Vnd die jenigen/wel-
che in allen ihren Verrichtungen höflich
und freundlich seyn/ lieben die jenigen/
denen sie gönstig und gewogen/ wan sie
geschwinde und gehorsam sich erweisen/
wie sie die jenigen (darauff sie hoffen)
nicht sehen konnen / wan sie langsam

B ij   ihnen

ihnen zu begegnen erscheinen/ sich nicht
wissen nach ihren Geiste zu schicken/ noch
vor ihren Throne zu erniederen und zu
beygen.

Romulus (damit ich den Faden meiner erzehlten Geschichte wieder ergreiffe)
hat demnach beym ersten Ursprunge
unnd Erbawung der Statt Rom die
Ceremonien solcher frembden Opfer ein
geführet. Dem Hercules einige Alta
re aufgerichtet/ welche nachmaln die jenigen gewesen/ so die Römer die höchsten oder grösten Altare genant. So
weit hat Romulus / nach beschehener
Erbawung und Anstellung eines neuen
Stattwesens/ die Glieder eines unter
schiedenen Volckes zu vereinigen/ und
eine volkommene Bürgerschafft anzu
richten/ sein vorhaben gebracht/ und in
offentlicher Versamblung seine Gesetz
gegeben; Weil ohne einen solchen An
hang der Satz und Ordnungen/ kein
Statt/ Herrschafft noch Königreich oh
ne lautere Unordnung und keine rich-

umbraß alle Tag ein Königlichen Purpur
auf einen Keyserlichen Throne von zwölf
Trabanten umbgeben erschienen. Welche zwölf Trabanten oder Leib-Wächter
er / nach einiger Meinung in Absehn
der zwölf Geyer / so sich bey dem ersten
anfange der Grundlegung der Statt
Rom bey der Opferung sehen lassen. Also meldet Lidius / das er eine solche Gewohnheit von den benachbahrten Tuß-
ciern genommen / wie er auch von denselben den Richt-Stul und den Rock der
Jugend angenommen und zu brauchen
geordnet.

Die Statt aber erweiterte sich täglich und wuchs an junger Manschafft/
ihre Mauren umbschlossen balde denn
einen balde den andern theil derselben;
Und ob gleich der Umbfang damalen
fähig genug die menge der Einwohner
in sich zu begreiffen/ dennoch verursach-
te die Hofnung weil sich eine grosse anzahl Volcks daselbst versamlen würde/
das solche Welt-Statt der sterblichen
verwunderung sehr erweitert worden.

Da-

Damit aber Romulus die benachbahr
ten Völcker bewegen mögte in seine neu
Statt zu zihn und selbige zu bewohnen
hat er einen Tempel der Freyheit eröff
net/in welchen aller Gattung und stän
de Leute/die ihre Zuflucht dahin genom
men / sichern Schutz und Schirm ge
funden; Welcher Ort mit dem Namen
Asylum oder Frey-Statt benennet wor
den.   Alhier konte sich ein jeder/so da
hin kommen/vor aller Gewalt und An
fall seines Feindes sicher und frey schä
gen. Weil diese Zufluchts-Hütten ehr
würdig / unverletzlich und heilig in ih
selbsten die Sägel des Friedens ausge
spannet führete/ den Mantel der Ein
tracht und den Purpur-Rock der Be
schützung des Romulus getragen. Der
erste König der Statt Rom hat sich des
Nahmens/des Orts / und Politischen
Klugheit anderer Exempel bedienet/ die
vor ihn grosse und gewaltige Stätte er
bauet.   Darumb alle Gewaltige der
Welt (welche Gott zu Herrn und Re
genten grosser Stäut und Reiche ein
gesetzt

gefetzt) die Geschicht Bücher täglich in
lesen befleißigen sollen/welche eine Mutter des Alterthumbs und der Beweiß-
thume und Beyspiele oder Vorbilder ist;
so die Menschen Klug und Verständig
machen; dan wan einer eine Wissen-
schafft der vergangenen Händel unnd
Verrichtungen hat / der kan sich rühmen daß er das jenige weiß / so bey seinen Lebzeiten sich nicht begeben/und kan
sich zugleich glücklich schätzen das jenige
gegenwärtig vor Augen zu sehen/welches
er mit seinen Augen doch nimmer sich
zutragen sehen. Dahero er sich zum
wenigsten aus Muhtmassungen und
sinnliche Erwegungen so fähig/geschickt
und vorsichtig machen kan/ das jenige
zu beobachten und zuergreiffen welches
ihm begegnen mag.

Die ersten Erbauer grosser/ ansehnli-
cher Stätte der Welt/ pflegen mit sich
in ihre sichere Geleits- unnd Friedens
Tempel/ gemeines / unedeles/ grobes
Volck zu führen/ welche nachmaln er-
dichtet/ sie weren in eben denselben Lan-

B ij de

dt oder Statt entsprungen und gebohri
da sie ihre Herberge und Wohnung au
geschlagen und genommen.

Ein solcher war Romulus / der ein
jedes geschlecht Leute in seinen Friedens
Tempel und Heyl-Statt einen sichern
Eingang unnd Zufluchts-Ort eröffne
und zugelassen/ weil in einer Statt al
lerley Stände der Bürger vor nöhtig
erfodert werden/ einige so geschickt sey
zu Regieren und zu Herrschen / andere
zu Kriegen und zu Fechten/ einige die
Handwercke zu treiben / Handel und
Wandel zu führen unnd fort zu setzen/
andere die Gelahrten Künste und Wis-
senschaft der Jugend vor zu tragen und
zu lehren/ und dan die heiligen Gesetze
des Gottes-Dienstes und der Religion
zu erhalten und zu bewahren: welche ob
sie wol alhier zum letzten benennet/ gebüh-
ret jhnen doch der Vorzug und Oberstel-
le vor allen einzunehmen/ und zu besitzen.

Haben sich demnach so viel Völcker
unter den Schatten dieses Tempels in

den begeben.   Der leibeigene Schlave
hat alhier die Banden der Dienstbarkeit
zerrissen und die Freyheit ergriffen. Der
unEdle hat den Adel erlanget; der gro-
be Wilde die Bauerschafft/ und der un-
höffliche Schäffer die Bürgerliche Sittigkeit.   Es war kein unterscheid des
Standes und Gelegenheit / die versi-
cherungs-Rechte der Freyheit haben in
sich selbst gleiche Krafft der Gunst und
Gnaden erhalten.

Dieweil so wol unter allen Kauff-
handel/ und Wildbret/ so in den grossen Städten der Welt verhandelt und
verkaufft werden /   in denselbigen die
Kauffmanschafft / Wildwerck und
Korn Fuhre am meisten im schwange
gehn/ welche wegen des Nahmens der
Freyheit am offtesten besuchet und von
allen Vberflüsse angefüllet werden; darumb sicherlich eine neue Herschafft und
Stadt Wesen nicht glückseeliger wachsen und zunehmen kan/ als wan denen
leuten offentliche und gewisse Freyheits-
Gesetze errichtet werden/ dieselbige be-

B v   wahr-

wohnen wollen / wan eine ansteckende Pest-Seuche einige Landschafft aller Bauren und Bewohner beraubet/ sol ein Fürst/ selbige wieder mit neuen Einwohnern zubesetzen/ denen Künstlern/ Handwerckern und Bauleuten ansehnliche und rühmliche Freyheiten oder Privilegien ertheilen/ wormit er alle Beschwernüsse aufheben kan/ die anfangs darbey zu finden/ bevor das übel eingeschlichen die Leute zu denn Künsten anzuführen/ darumb muß er die Zölle und Auflagen mindern / die Kauffleute sich dahin zu begeben anzulocken / die strengheit der Gesetze lindern welche zur zeit der Glückseligkeit eingeführet/ mit Klugheit ein neues Volck in eine verwüstete Statt in Ordnung zu bringen.

Auf gleiche Weise und Wege werden die neuen Fürstenthume unnd Königreich bewohnet und Früchtreich gemacht/ wan eine offene und von allen Auflagen und hohē Beschwerungen freye Strasse und Zufahrt verstattet wird / wormit ein Fürste unnd Regente die jenigen be-

gnädigen und befreyen muß/ welche er
in seinem Reiche auß neue zuwohnen
haben will. Auf diese Grundfesten hat
der weise und Weltklüge Romulus angefangen die größte Gewalt unnd hohes
Ansehn des Römischen Reiches zu grün-
den und außzuführen.

Nach dem er nun vor die algemeine
Versamlung und Bürgerschafft der
Statt guten Anstant und Versehung
gemacht/ und mit dem Bande der Gesetze alle Glieder eines so großen Cörpers
vereinbaret/ da hat er auch vor die Ge-
sundheit und Erhaltung des Menschlichen Leibes sorgen wollen/ dieweil ein jedes Reich und Herrschafft/ darin guter
Raht zufinden/der als ein weiser Bey-
sitzer in ihren Berahtschlagungen zu gegen seyn soll/ einen guten Medicus oder
Artzt zu haben kan genandt werden/ der
sie vor tausenterley Kranckheiten be-
wahret/welche sie in das Grab des Un-
terganges bringen können. Hat demnach der Römische König einen ansehnlichen Rahts erwehlet/ und selbigen mit

hun-

hundert Rahts HErrn besetzet; weil
ihm solche Zahl im ersten Anfang entweder genug zu seyn scheinete/ oder aber
derer damaln so viel gewesen / welche
rechtmässiger Weise den Nahmen ver-
dienet/ es ist gewiß/ daß die vom Romulus benandte hundert Rahts HErrn
nicht zum Politischen Regimente und
Verwaltung des Stats kommen/ dieß
hat Romulus selbst wegen der Würde
des Ampts/ und der Gewalt der Hoheit
Patres oder Väter genant. Ein Nah-
me/ dessen Würdigern/ unbeflecktern
noch ansehnlichern eines Menschen Zunge unter Menschlichen Dingen / nicht
kan noch weiß außzusprechen. Die
Nachfolger dieser Väter (weil die Zeit
allewege eine Liebhaberin der neuen Er-
findungen/ Titel und Nahmen) seynd
nachmaln Patritien genant worden/ als
die aus den Geschlechtern dieser Väter
entsprossen waren.

Nunmehro konte die Stadt Rom so
wol nach ihrer Hochheit als Gewalt einer jeden umbliegenden Stadt verglei-
chen

chen werden. Die Weiber dienen gleich
wie die Vögel Fenix: die Nachfolge des
Geschlechtes zuerneuren / die Nachköm-
linge unvergänglich zu machen / Sie
dienen die Art und Gattung zuerhalten
und bedürffen die Stätte und Herschafften des Weiblichen Geschlechtes so nohtz-
wendig die Fortpflantzung wieder zuer-
neuten / und das Volck zu vermehren.
als des Männlichen / zu regieren / zu be-
schützen und die Regimenter in Ansehn
und Auffnehmen zu bringen.

Wie demnach Rom nach ihrer ersten
Erbawung in aller Herrligkeit und Ansehn / Prachten / und alle andere Verwunderung von sich ausbreiten können /
so ein Reich und Regiment bereichern
und gewaltig machen / so mangelte es
ihr dennoch an der Hoffnung / (so vor
allen andern die nützlichste und Frucht-
reicheste auch nohtwendigste ist /) der
künfftigen Kinder Zucht / und Nachköm-
lingschafft / so der folgen sollen / die bereit
einen helleuchtenden Anfang eines gros-

B vij.   sen

sen Königreichs von ihr scheinen las
sen.

Der König Romulus gedachte mit
grosser Embsigkeit des Geistes auff ein
Eheliche Verbündnüsse und Heyrah
mit den benachbahrten Völckern, wel
Er aber nicht gesehen, daß die Ein
wohner der umbliegenden Stätte va
ihnen selbst nicht geneiget ihre Töcht
der Römischen jungen Mannschafft zu
Weibern vorzusetzen, hat er die Väte
zu Rahte gesodert; hat ihnen die Sa
che und derer Nohtwendigkeit vorgetra
gen, und erinnert als alle Römische Ho
heit alle ihr Pracht und Glückseeligkeit
mit dem Leben der gegenwertigen Leute
und Einwohner sich endtgen und zu nich
te werden müste, wan sie nicht einigen
Anschlag und Endschluß ersinnen und
fassen könten, wie sie Weiber in ihre neu
erbaute Statt bringen solten, mit wel
chen sie sich vermehlen und durch Eheli
che Beywohnung Kinder zeugen, und
durch künfftige Nachkomlinge die Ho
heit und Gewalt der Statt Rom fort
setzen

setzen/und auff den Thron der Welt-Monarchie bringen könten.

Die Berahtschlagung dieser Väter hat beschlossen/man soll an die angrentzenden Nachbarn und Freunde Abgesandten abgehn lassen/ die sie dahin bewegeten und überredeten/ihre Jungfrawen den jungen Römischen Bürgern zu Ehefrauen und Haußhalterinnen beyzulegen und zuvermählen/ solten ihnen auch (wan sie einige Wiederfetzung spüren würden) einen Gegenbrandschatz verheissen/damit grössere Gelegenheit zu gewinnen diese lichtscheue Schnacken an das Licht des glänzenden Goldes zu bringen/und ihnen die Flügel zuverbrennen.

Wie nun die Gesandschafft aus Rom gangen/ ist sie von einer Statt zur andern gezogen/und mit schlechter Einfalt der Reden/ wie die Redligkeit derselben auffrichtigen und ohne Heuchel-schein bestehenden Zeiten solches erfodert/ Ansuchung gethan/ ihre Töchter den neu

der jüngſterbaueten Statt Rom zum
ehlichen/ und zu Weibern zugeben. Di
abgeordneten Redner haben angezoge
und bey denen Völckern (mit denen ſi
von ſolchem Wercke Unterhandlun
gepflogen) angeführet/ daß in einer ſe
den Statt bey ihrer erſten Erbauun
und Uhrhebung die Haupt-Urſach
der Fortpflantzung der Nachkömling
vonnöhten were/ und daß alle Rep. un
Herrſchafften von geringen / ſchlechten
und niedrigen Dingen ihren Anfang ge
winnen/ und ihnen Anſehn und Gewal
nach der eigenen Tugend und Kräfften
eines jeden / und nach der unſichtbaren
Hülffe des Himliſchen GOttes erlan
gen müſten/ welcher ſeine Gnade in die
Hertzen der Frommen einſenckete / und
ſeinen Segen über das Volck ausſchüt
tete welches mit Furcht/ Ehrerbietung
und Gehorſam auff ſeine Gütigkeit hof
fete/ darum man ſolche gute Hoffnun
gen ſchöpfen könne. Weil demjenigen/
ſo den Göttern lieb iſt und ihnen vertra
wet/ Sie gnädig erſcheinen/ und haben
allezit

 tzelt mit milder Hand über die neuan-
gehende Königreiche überflüſſig aus of-
fenen Gefäſſen ihren reichen Segen Regen fallen / und den Früchtenden Him-
melsthau herab flieſſen laſſen / welches
ſie vielmehr ins künfftige auch zugewar-
en. Dann Romulus in Anſehn der
guten Wahrſage-Zeichen / auff den Al-
tären reiner und unbefleckter Erſtlinge/
dem groſſen GOtt Jupiter und allen
Göttern geopfert/und in ſolcher heiligen
Vorbereitung und Gottesdienſte / die
erſten Grundſteine der Statt Rom dem
Himmel geweyet/ und die HauptFun-
damente derſelben auff die Grundfeſte
Himmliſcher Ehren/ und Gottesdienſte
geleget; Wolten demnach ihren neuan-
gehendem Volcke ein ſolch Rechtliches
Suchen nicht abſchlagen/ welches nicht
in den Wäldern und Büſchen erwach-
ſen/viel weniger der wilden Thiere Milch
geſogen/ ſondern von der Mutter Brüſten geſäuget und auffgezogen worden/
wie ihnen ſolches von Natur gebühren
wollen/ und daß ſolche von ihnen an ſie
begehrte

begehrte Gunst und Freundschafft ihr
Vor-Eltern gleichfals von andern vil
ältern Völckern als sie gewesen / gesu
chet / weil eine solche Abwechßlung ein
Natü-liche unveränderliche Gewohn
heit der Menschlichen Gesellschafft/ wel
che von der Verwandschafft entspring
und herrühret / welche durch derselbe
Bestättigung unter einander/ die Men
schen angetrieben werden, either dem an
dern die Dinge zu willfahren und einzu
willigen / die zu Erhaltung der Sterb
ligkeit nohtwendig erheischet werden,
und daß Sie also durch eine so günstig
Zuneigung und freundliche Gewogen
heit auffgewachsen und zugenommen,
welche ihnen ihre Nachbahren so vor ih
rer Ankunfft gelebet / erwetset; Es kön
nen nicht alle Dinge alsobald in Berein
schafft stehn und bey der Hand seyn/ wan
einiges grosses Beginnen in der We
seinen Ursprung gewinnet / und daß
durch hülffliche Mittel und Befoderung
der benachbahrten Völcker sie almählig
zum Auffnehmen gelangeten/ dieweil sol

hre Weise und Manier der Zuneigung
nicht allein dem Volcke/ welchem solche
erzeiget wird/ sondern auch das solche zu
erzeugen pfleget/ zu grossem Vortheil
und Nutzen gereichet/ sintemaln sich jene
durch die Kinder-Zucht und Fortpflan-
zung des Geschlechtes in ihrem Reiche
befestigen und versichern; Diese aber
durch Befreundung mit einem neuen
Volcke viel mächtiger und stärcker werden. Dann endlich die Kinder der
Töchter/ so in die Geschlechte der Röm-
verehlichet werden/ ihre eigene Kinder/
Kindes-Kinder und Blutsverwandten
seyn und bleiben müssen; welche ihnen
allezeit bey vorfallender Noht Kriegen
helffen / einige wegen der Natürlichen
Liebe/ die sie aus der Mutter Schoß mit
gebracht/ andere wegen der Ehrerbietung
des liebwürdigen Nahmens der Groß-
Eltern/ und Alt-Väter. Mit kurtzem
zu melden/ so haben die Römischen Ge-
sandten mit dergleichen und andern be-
weglichern und kräfftigern Beweißgrün-
den die benachbahrten Freunde dahin
bewe-

bewogen wollen/ihre Töchter an die R.
mer zu verhausen/und ihre Weiber E
heliger Weise an ein Volck vermähle
welches wie es im ersten Anfange sein
Wachsthumes gefürchtet: also mag
bey Erhöhung seiner Glückseligkeit g
ehret und gehorsamer werden.

Es ist kein einig Volck der umliege
den Herschafften und Städte gewese
daß der Römer Ansinnen und Begehr
mit geneigten Ohren angenommen un
empfunden/ weil es ein neues Volck
der Welt war; So viel hat die Miß
gunst (welche ein gemeines Laster un
Gebrechen an unserer Natur ist) auc
zu denen uhralten Zeiten vermögt.

Die Römischen Botschaffter habe
von keinem Benachbahrten weder gu
Worte aus Schmeicheley/ noch glaub
würdige Zusage aus auffrichtiger Re
ligkeit erlanget. Der Römische Nam
me war gantz neu/ unbekant wenig g
achtet und verhasset. Ich sage wen
geachtet in Ansehn der zu selbigen Zeit
habenden Gewalt; welches aber sehr g
                                    fürch

chtet worden/weil man gesehen/ daß
in Bilde einer sonderlich ansehnlichen
bröße in der Wiegen einer erstgebohr-
en Nation und neuerbauten Statt
ervor geblicket. Darum ein jeder ge-
acht durch Entziehung und Abschla-
ung der begehrten Materie und Haupt-
Ursache dem Königreiche zum Wachs-
thume und Auffnehmen dienlich/solches
i seiner ersten Gebuhrt und Entsprin-
ung zu vernichten/und auf den Grund-
Seulen seines Gebäudes niederzuwer-
en.

Nach dem nun die Römischen Ge-
andten von allen gemeinen Ständen
er Versamblungen ihrer Nachbahren
rlassen/und nicht all in offentliche Ab-
schlägige Antwort auff ihr Ansuchen er-
anget / sondern auch an allen Orten
hefftig verspottet und verlachet worden;
dan man sie aus Schimpf und Verhö-
nung gefraget/ob sie auch nicht eine Frey-
Statt/vor die Frauen/ und einen Friedens-Tempel vor das Weibliche Geschlechte gebauet und eröfnet - weil
nach-

nachmaln eine solche Eheliche Beywo
nung ihres Zustandes Gelegenheit un
Nohtwendigkeit viel eigendlicher gebü
rete/ und dem Mangel viel besser zuvo
gleichen/ welcher sie anietzo angetrieb
in andern Stätten Materie zu suche
das Menschliche Geschlechte fortzupfla
tzen.

Eine solche Beschaffenheit und Cau
haben alle Dinge in der Welt/ da ein
gleich wie eine Fabel oder erdichtet
Ding anfanget zu wachsen und über si
zu steigen/ welches nach erlangten h
hen Ruhms und ansehnlichen Nahmen
und erlangter Kundschafft und Gemein
schafft unter den Leuten sich denen
schrecklich und furchtsam machet/ d
solches vormaln verspottet und beschim
pfet. Einen kleinen jungen Löwen/
bey der Mutter in der Hölen lieget/ de
helt sein Zwanck Meister in seinem za
ten Alter übel/ schilt ihn/ zwinget ih
und gewöhnet ihn/ die Dinge zu thun
welche er von sich selbst natürlicher wei
nimmer thun würde. Er wird gantz
Häuß

rtlich und zahm/ und läſt ihm helf-
n und befehlen in allen zug. horſamen;
an aber dieſes wilde Thier mit der Zeit
wachſen und ſeine von Natur haben-
ſtärcke erkennet / unternimpt es ſich
nen Hüter und Zuch-Meiſter anzu-
llen und zuzerreiſſen / als welches zu
rſchen und zu fürchten gebohren.

Solche ſchwache junge Löwlein ſchel-
ren die Römer in ihrer erſten Geburth
ıd Kindheits. Jahren zu ſeyn / wie ſie
ber an Macht und Gewalt zugenom-
ıen/und mit den Jahren als groſſe un-
häure Rieſen erwachſen/haben ſie ſich
ıit der Zeit erhoben / ihre Nachbahren
ı wohl als andere entlegene Völcker
ıit groſſen Muhte und Hertzhafftigkeit
ıgegriffen und unter ihre Füſſe geworf-
ın/ und endlich mit großmütigem klu-
en Regiment den Kayſerlichen Zepter
ber die gantze Welt geführet

Wie die armen Geſanten der Statt
Rom von männiglich verhöhnet umd
erlachet/wi der in ihre Statt angelan-
ı / haben ſie in Angeſichte ihres Königes

nigs Romulus/ und gegenwart der V
ter oder Rahts-Herren in jhrer Versa
lung von den verlauff jhrer Gesantsch
bericht eingebracht. Sie stelten jhn
nicht allein die Hartnäckigkeit uns V
willen jhrer Nachbaren/ in dem sie
nen keine Weiber zur Ehe geben woll
vor augen ; Sondern erzehleten jhn
auch die an jhnen wieder alle Ehrbart
unnd Bürgerliche Gebräuche verü
Schmach und Beschimpffung so wie
aller Völcker Rechte und Gewohnt
gelauffen. Nach dem Romulus sold
verlauffene Händel angehöret/ hat s
die gantze Römische junge Manscha
hefftig entrüstet/ und sich nebst jhren K
nige zu einer blühtigen Rache im ersl
anfangen ausrüsten wollen. Der K
nig aber (welcher wol wuste/ das ein e
ter Rahtschluß/ ohne gewisse Zeit ma
nicht könne zu seiner volkommenheit g
langen) hat mit grösserer Sanfftmu
jhm vorgenommen die sache reifflich
und scharffsinniger mit der klugen Ve
nunffte Wage zu erwegen/ und auf e
En

Endschluß zugedencken/wie er nach dem
Wunsche der Römer die Feinde des Römischen Nahmens besänfftigen mögte.
Romulus billigte den rechtmäßigen Eyfer seiner jungen Bürgerschafft/ beklei-
dete sie mit einem schönen Habith einer
falschen Stellung und Verlarven/ die
Feinde desto leichter und behender in ihr
Netze zubestricken. Er schätzete solche
Wiederstrebung und Gegensetzung der
Natur ein gut Hülffmittel und Werck-
zeug zu seyn/ den Haupt Grund zu regieren und zu herschen desto fester zu le-
zen. Er verordnete/ daß sich ein jeder
in die Larve eines solchen bösen Begin-
nens/oder (wie ichs nenne) Laster/ ver-
maschten und verkappen solte. Darum er befohlen/ daß seine Unterthanen
solche Schmach und Unrecht in ihren
innerlichen Gemühtern ihnen abbilde-
ten/ von aussen aber ihre Gestalt mit
lieblicher Hertzhafftigkeit und geschicklt-
cher/ höfflichen Freundligkeit vermum-
meten/ darauff alle Römer in einen Augenblick zu lauter Proteuffen oder Ple-

C   Ael-

ackheringen und Jean Pottaschen war
den. Ein jeder hat sein Gesichte,sei-
ne andere Gestalt verändert / als da
Hertze gewesen/ ein jeder scheinete voll
seelig und angenehm an den Wangen
in der Brust aber war er von der schwar-
tzen Galle der Rachgier verunstalt
Romulus wunschete und suchte die G
legenheit/ daß die Zeit selbst ihre Mad
und Stärcke versicherte / dan wan C
die Hand an die Waffen geleget einer
andern seine Weiber zu rauben/ hatte
die Zufalle des Krieges leichte die auf
gehende und über sich steigende Flam
men der Römischen Hochheit in der L
der Aschen selbst dämpffen und ausl
schen können.

Er hat gewolt daß die Rüstung un
Waffen im Zeughause fertig stehen bleiben solten/und vermeinet das jenige un
ter dem Bilde des Friedens zuerlange
was der Römer Nohtturfft gesuchet un
erheischet / und die Beschimpfung un
Spott der Nachbahren wol verdienet
Der Sieg ist ansehnlich und schön/de
schön

chöne Nahme des Vberwinders iſt nie-
naln verhaſſet: es ſeynd aber der eine
und der andere ſo viel ſchöner und herli-
cher/ wan weder die Grauſamkeit/ noch
der Todt/ noch die Vergieſſung Menſchen Bluhts/ Antheil oder einig Ge-
denckmahl daran haben.

Romulus hat ihm auff dieſes mahl
ohne Menſchen-würgen und Blutſtür-
zen Siegreiche Beute darvon zutragen
ihm vorgenommen und Ehren-Zeichen/
und Triumphe eines rühmlichen Ge-
ruchts zuerlangen vermeinet. Er ord-
nete in Rom die Bürgermeiſterlichen
Schau-Spiele/ ſo dem Ritter-Gott
Jupiter zu Ehren geſtifftet waren. Dieſe Spiele waren gebräuchlich bey allen
Völckeln / die nach ihrer Ankunfft in
Rom gewohnet. Damit er nun das
Geſchrey von ſolcher Erfindung außge-
breitet beglaubigen möchte / hat ſolch
Freuden-Feſt ohne Sparung einiger
Koſtung/ unterlaſſung einigen Prachts/
und Herrligkeit der Zubereitung hoch-
feyerlich zu begehn beſchloſſen: alſo daß

C ij   nach

nach ausgesprengetem solchen Gerüch
tes durch die umbliegende Stätte/ sel
biges die Neugierigkeit der Fremden an
gefrischet sich nach Rom zubegeben/theil
zusehen ob die Römer als ein neu zusam
men gelauffenes Volck/wol so viel Gol
und Geld haben solten / daß sie eine
solchen kostbaren Pracht anstellen un
mit den Alten einen Wett-Kampf so
cher ansehnlichen Schau-Spielen hal
ten könten; theils anzumercken/ ob s
in den Gewohnheiten/Gebräuchen un
Ceremonien auch irren und fehlen möch
ten / daraus der Welt Ursache entste
hen möchte/ sie zuverspotten und zu ve
lachen; theils auch belieben die Spie
und neue Statt zu sehen; theils abe
(welches das allerärgeste Gesüpte ist von
allen andern) mit dem Gemühte und
Vorhaben das Guhte und Böse zu be
urtheilen und zubestraffen; weil solche
Naturen zu allen Zeiten ein groser U
berfluß zu finden gewesen. Welche Din
ge alle/mit kurtzen zu melden/ die Men
schen aus ihren eigenen Vaterlande
sich

ch zuerheben und sich dahin zubegeben
ewegen und auffmuntern/ da man sol-
he Schau-und Freuden-Spiele mit
Verwunderungs - Augen anschauen
mag.

Damit aber Romulus die Fremden
mit desto grössern Begührdes-Eyfer an-
kammen möchte/hat er solch herrlich und
ostbar Freuden-Fest durch alle benach-
barte Städte offentlich ankündigen und
ausruffen lassen.

Das Verlangen einer an sich selbst
neuen und mit einem so grossen Geruch-
te ausstaffirten ansehnlichen Sache hat
sich in den Gedancken der Nachbahren
ins gemein dermassen so tief eingewur-
tzelt/daß selbiges an statt eines Magnets
und Bornsteines gedienet / umb das
Stroh und Eysen anzuziehn/ also auch
die standhafften Männer und leichtsin-
nigen Weiber anzulocken.

Es seynd vielerley Gemeinen der
Völcker und Einwohner der umbliegenden Landschafften in Rom zusammen
gelauffen. Die Ceretrenser / Crustu-

miner/

miner/ und Atennater seyn in Rom
kommen/ nicht allein die Consualischen
Spiele zu sehen (welcher Nahme von
Conso, so ein GOtt des Rahtes unter
den Heyden gewesen) sondern auch vielmehr das neuerbauete Land und Statt
an allen Orten genau in Augenschein
zu nehmen: Sintemaln dieses ein Sta-
chel/ Antrieb und grosse Begierde des
Menschen-Willens ist/ welcher aus der
Sorgfalt und Neugierigkeit die in der
Welt erst angehende/ entstehende und
berufene Dinge zubetrachten und zube-
sichtigen.

Unter allen andern Völckern aber/
so Rom angrentzeten oder benachbaret
waren/ stiessen die Sabiener am nähe-
sten mit an ihre Scheid-Gräntzen/ welche gar freundlich eingeladen/ ihre Fra-
wen und Witiben/ nicht allein/ sondern
auch die unbeheyrahteten und Jungfrawen mit sich genommen / die mit aller
Höflißkeit und Freundligkeit empfan-
gen und eingeführet/ zugleich die Lager-
Stelle einer so grossen Statt: ihre Mau-

ren:

:en; die Menge der Häuser und Woh-
nungen/die Herrligkeit der Palläste/und
Rahthäuser/ und die ordentliche Auf-
führung aller Gebäude beschauet / und
sich verwundert / daß ein Volck in so
kurtzer Zeit so viel und grosse Wercke vol-
führen können/ und daß sie in so wenig
Jahren zu solcher Hoheit und Gewalt
gestiegen.

Nachdem aber die Stunde des Freu-
den-Festes herbey genahet/ seynd die ge-
genwärtigen Zuseher in das Schau-
Spielhauß eingeführet worden/wie nun
die Spiele und Freuden-Feuer selbigen
Tages seinen Anfang gewonnen / und
die Augen einer solchen Volck-Menge
zugleich mit den Gedancken beschefftiget
waren das Schauspiel zusehen; da sich
einige über die schöne Vorstellung / andere über die grosse Kosten; einige über
den Gottesdienst und Opfer-Gebräuche / und andere über die Zubereitung/
und endlich alle über die Herrligkeit und
Pracht verwundert/wie solches der gantze Handel/an sich selbst mitbrachte: Da

E 4   seynd

seynd die Römer/ auff ein gewiß gege=
benes Zeichen gerüstet hervor gebrochen/
die blossen Gewehre ergriffen / und die
Waffen erhaben; dabey sie doch saß
niemand am Leben beschädiget. Die
Römische junge Mannschafft ergriff die
Sabinische Jungfrawen / und rissen
sie ihren Vättern und Muttern aus
den Armen; welche ohne einigen Wie=
derstand und Beschutzung von ihren
Räubern in ihre Häuser geführet wor=
den; da sie ein jeder / der sie aus Liebe
geraubet / zu seiner Frauen gemacht.
Das Gesetze der Nohtwendigkeit dienet
zu einer grossen Entschuldigung. Ein
so würdiges und hochrühmliches Volck/
als das Römische gewesen/were in eines
Menschen Alter zu grunde gangen und
sein Nahme verloschen/ wan sich selbi=
ges nicht an das Weibliche Geschlecht
gemacht / welches die Erhaltung der
Welt ist/ und dadurch das Menschliche
Geschlechte fortgepflantzet wird.

Einige der schönesten und vornehm=
sten seynd von dem gemeinen Völcke

den Patritien und Geschlechtern zu geführet worden/deſſen ſie einen ausdrück-
lichen Befehl gehabt/dan gleich wie Romulus ſein Abſehn und Gedancken auf
die künfftige Kinder-Zucht/ gehabt/ alſo
hat er jhm auch vor Augen geſtalt/ das
der Adel zu dieſem erſten mahle alſobal-
de/ das beſte/adeligſte und ſitligſte Blut
auserwehlte/ damit ſie nachmals denen
Eltern ehnliche|Kinder zeugen mögten
dan es zu keiner Zeit unrühmlich gewe-
ſen/ ja die Fürſten ſelbſt haben allezeit in
ihren Fürſtenthumen und Herrſchaften
die Verſehung gethan / daß ſich die
Groſſen (ſo viel müglich) mit Groſſen
vermählet/ und in Blut-Freundſchaffe
eingelaſſen/ und der gemeine Pöbel mit
ſeines gleichen befreyet. Weswegen ſich
die gantze Statt Rom/ damaln/ wie zu
einer anderen Zeit/ die Julie/ eine vor-
nehme Matrone ſich an den Rubellius
Blandus aus dem gemeinen Volcke ge-
bohren/verehliget / hefftig beweget und
verwundert.

Wie dan dieſelbſten Römern/ als

kluge

Auge Meister einer scharffsinnigen hohi
Stats Politicke/ in solcher sachen w
als einmahl durch die Gesetze verordn
und solchen Anstalt gemacht/ damit d
Geschlechter des Adels in ihren Wel
erhalten würden/ und das keiner zu
hen Ehren Ämptern aus dem von de
altē Römischen Adel abgewichen Stam
me / gelassen werden solte; Wie a
dieselbigē Römer mit sonderlicher Klu
heit das Oppianische Gesetze geordnet
welches Cajus Oppius eingeführet/ da
die jenigen Matronen (die Familien un
Stamm. Häuser nicht zu ruiniren soñ
dern die aus hohen Geblüte gebohrenē
Söhne bey dem ihren Stande gebüh
renden Reichthum zu erhalten) keinel
andern Schmuck als eine untzen Goldel
tragen/ und keine schöne/ buundte/ kostba
re Kleider brauchen sollen.   Viel we
niger in einen Himmel. Wagen durch
die Statt Rom oder andere Stätte noch
tausend Schritte darbey/ fahren dürffeñ
es habe dan aus ursachen die Kirchen
zu besuchen/ die Gelübte ab zu legen/ o
der

der den Opfern bey zu wohnen geschehen
müssen: In solchen Würden und Ehren haben diese Heyden die Religion ge-
halten/ das sie auch nicht zulassen wol-
len/daß/ keinem Stande der Personen
die Götter zuverehren / zu benehmen/
die strenge der Gesetze verhindern könen.
Welches Beyspiel uns Christen lehren
solte/ mit was vor Bereitwilligkeit und
Andacht wir bey den Gottes-Dienste zu
erscheinen und uns zu versamlen gebüh-
ret; Mit was vor Demuht und ernie-
derung wir Gott zu Ehren verpflichtet/
was die Geistligkeit vor ein sitsames/
ehrbares/ eingezogenes/ sittiges und hei-
liges Leben unter denn Welt-Leuten zu
führen schuldig/ wie unbeflecket und un-
sträflich sie vor ihnen her wandeln sollen/
dan die gemeinen Welt-Menschen derer
Fußstapfen nachfolgen/ und nach ihren
Sitten richten/ welche die Religion und
den Gottes-Dienst dergestalt üben wie
ihnen solches von den Kirchen-Dienern
gelehret wird.

Von diesem Jungfraun-Knabe ist

nach-

nachmaln die Anruffung des Talassius
unter den Römern im brauch kommen/
wan sie Hochzeitliches Beylager gehal-
ten/ weil unter andern eine vor allen andern sehr schöne Jungfraue aus des Talasius Geselschafft entführet worden/
und wie man sie hingeführet/ hat sie eines jeden Augen auff sich zu schauen ge-
want/ und eines jeden Willen zugleich
an sich gezogen/und wie sie befraget worden wessen sie were / haben die Räuber
geantwortet/ sie were des Talasius; welcher ohne zweifel zu denen Zeitaltern ein
hochansehnlicher / gewaltiger und be-
rühmter Man gewesen/von welcher Re-
de nachmaln dieses Wort Talasius unter der Römer Braut-Liedern gesungen
worden/ wie fast in allen Stätten geschehen pflegt/das/wan nach gewohnheit
alle Jähr einiger alten eingeführten Satzung Freuden-Feuer begangen wird/das
jenige/welches bey seinem ersten Anfange sehr wunderlich vorkommen/ weil es
noch neu gewesen/wird nachmaln wegen
langwihriger Zeit veraltet/wenig geach-

er. Dann weil alle Tage neue Ord-
nungen gemacht werden/berauben solche
die Alten alle jhres Ansehns und Verwunderung.

Nachdem nun die Sabinerinnen solcher gestalt jhren Eltern / Brüdern/
Freunden / Groß-Vätern unnd Ver-
vanten entführet/ ist das Freuden-Fest
in seiner besten Herligkeit und Lust ge-
störet/die Ceremonien aufgehoben; Die
stille Ruhe in eine Verwirrung/die Verwunderung in ein Schrecken unnd das
ob-geschrey in eine Verleumbdung/die
Ordnung in Unordnung / die Freude
in Klagen/und die Freundschaft in Haß
und Unwillen verwandelt worden;Dan
die Väter unnd Mütter der geraubeten
Töchter beklagten sich mit weinender
Stimme über die unter gegebenen Treu
und Glauben bemantelten Gewalt und
Unrecht/ welche List und Anlockung die
Bildnüsse der algemeinen menschlichen
Geselschaffe verderbet und vertilget/und
schwereten sich über verunehrte Religion der heiligen Wirtschaffe/und Gast-
Frey-

Freyheit: sie rufften den Gott an / zu
dessen Ehren solch Freuden-Fest angestel-
let/ und suchten alle Götter umb Rach
an wieder die Römer ihren Zorn aus-
zugiessen/ welche unter den Deck-Man-
tel der Liebe solche Gewalt verübet; Sie
bekanten/ daß sie treuloser Weise betrogen und verrahten worden: Sie erhu-
ben eine Klage wieder ihre ungerechte
Fortun und wieder die Götter selbst/ und
bohten sie wolten ein solch Bubenstück
mit einer unversehenen und scheinbaren
Straffe vergelten.   Wie konten aber
die Sabiner ihre Götter anruffen/ die
da Ohren hatten und höreten nicht/ Augen und sehen nicht/ Hände und konten
nicht greiffen/ und Füsse/ und konten doch
nicht wandeln.

An der andern Seiten aber haben die
geraubeten Jungfrauen auch/ mit einander geheulet und geweinet/ weil sie nicht
gewohnet mit Männeren umbzugehn/
noch mit frembden Leuten Gemeinschaft
zu pflegen/ die denen Wachteln oder
Raphünern zuvergleichen / so in der
Sym-

Sperber und Falcken Klauen beangstet
und betrübet nicht allein auß mattigkeit
die Augen/sondern auch auß furcht das
Hertze bewegen/und klopfen. Der gleichen waren die jungen Sabinerin/ die
in der Römer Fäuste mit erblosseten
Wangen/ nassen Augen / innerlichen/
Hertzpuffen ihr Unglück beseufftzet/ und
nicht mehr Hoffnung als Wiederwillen
gehabt.

Romulus hat/umb aller verwirrung
und ungelegenheit vorzubauen/ welche
insonderheit bey dem schwachen Weiblichen Geschlechte ein unvermühteter
fall leicht gebehren kan/ weil sich selbt-
es beym ersten anstosses der Wieder-
vertigkeit nicht wol zuschicken weiß/sich
uf allen seiten alß ein König erzeiget
damit Er bey den jungen Mägdlein desto grosere Hoffnung und versicherung
erweckete / mit seiner Majestätischen
Anwesenheit / gleich wie der Westwind
starck genug ist/den mit dicken Wolcken
und Regen überzogenen Himmel wieder hellschienende zu machen) alle Häuser
und

und Wohnungen der Statt besuchet/ei-
ne jede unter jhnen in den Armen jhres
neuen Ehemannes liegende getröstet/
und zu jhnen gesaget/ (als ein vorsichti-
ger/ kluger und weiser König) meine lieben Töchter / diesen Krieg haben/ eure
Väter durch denn Preiß der Vndanck-
barkeit erkaufft/ welche friedlicher auffrichtiger weise von uns umb euer Gunst
un Liebe angesucht/damit wir diese Statt
durch vermittelung des Ehestandes erhalten könten. Sie haben aber nicht
allein unsere Gesanten von jhnen gejagt/
sondern auch selbige mit höchstem Spot-
te und Schimpf abgewiesen. Diese
ist eine Gewaltsamkeit unnd Schmach
wieder aller Völcker Rechte begangen
gewesen. Welche die Römer zu einer
großmächtigen Rache angefodert. Wir
verüben wieder euch keinen einigen
Zwanck/ sondern wollen höchstbeleydigt
beweisen/ das eure Väter erkennen sol-
len/ was ein neues in der Welt entstan-
denes und vom Himmel vielleicht selbst
das mächtigste und größte des Erdkreises
aus-

auserſehenes und verordnetes Volck/
bermag/die Noht iſt keinem Geſetze un-
terworffen/die Königreiche/Städte und
Herrſchafften/die ſich mit Waffen wieder die Feinde ſchützen / werden durch
Kinderzeugen und Eheliche Beywohnung erhalten: Was ſolten die Römer ohne Weiber machen? Solten ſie
ihr Königreich nur allein ihres Lebens-
Jahre genieſſen? Sie begehreten mit
freundlicher Anſuchung unter ihren
Nachbaren Weiber zu nehmen und ſich
zuvermählen / welches ſie ihnen abge-
ſchlagen/ſehet nun haben ſie durch Klug-
heit/Liſt und Gewalt erlanget/was Friede und Tugend nicht vermoge.   Es iſt
einem jeden zugelaſſen/ der vor Hunger
ſterben müſſe / die Speiſe zu nehmen/
wo Er ſie findet; Dieſes Geſetze iſt von
der Natur ſelbſt eingepflanket; Was
vor gröſſere Nohtwendigkeit iſt zu ſinden/
als welche ein Geſchlechte mit den andern die Menſchliche Art und Nachkomlinge zuerhalten/ umbzugehn antreibet?
Wir achten dieſes Verbrechen nichts/
weil

weil uns die Materie das Geschlecht
zuerhalten von den Nachbarn abgeschla-
gen worden/ haben wir sie selbst suchen
und nehmen müssen. Es ist ein ga-
grober/ Bäurischer Handel von ewren
Vättern verübet gewesen/ daß sie unse-
rechtmässiges Ansuchen nicht einwilli-
gen wollen. Solcher verdienet eine gleiche Straffe. Tröstet euch demnach/ ihr
meine Adelichen und schönsten Töchter
daß solcher ewer Raubung zu ander
nichts als ewrer eigenen Ehre und Hoheit gereichet; Dann weil ihr Eheliche
Weiber der neuen Römischen Bürger
worden/ werdet ihr euch des Verdienste
und Würde der Statt Rom theilhaffl
und zu Müttern eines solchen Volcke
machen/ welches im ersten Anfang mit
solcher Glückseligkeit von dem Himmel
begnadet/ nicht anders als mit grösserm
Glücke sich vermehren und ausbreiten
wird. Wir haben euch derowegen mit gu-
tem Bedachte und Grunde ewren Eltern
entführet/ weil die Götter die Menschen
gemacht unnd ihnen die Weiber unnd
nicht

icht die wilden Thiere zu Gehülfinnen
nd Eheliebsten zugesellet. Sie seynd
ieser Mitgesellen und jener Herren/wie
er das Wild/ brauchen sie Pfeile und
Spiesse/ gegen jhre Ehe-Gatten libliche
Worte und Freundligkeit. Der Mensch
lauf den algemeinen Schau Platz der
Welt getreten/und damit er nicht allei-
e lebete / hat jhn sein Schöpffer ein
Weib an die Seite gesetzt unnd selbige
ine Gesellin genant. Diese Gewon-
eit und Eheliche Geselschafft ist biß auf
eutigen Tag beobachtet worden / und
iese Liebe wird biß an der Welt Ende
emein bleiben. Solten demnach die
iömer allein solcher Gerechtigkeit berau-
et bleiben? Rom allein hat sich sollen
hne solche hohe Himmels-Gnade vor
iedermans Augen stellen? Diese freund-
che Gemeinschafft und Beywohnung
lte einem neuen Volcke allein gewei-
ert werden? Nein/nein/ wir seynd so
ol Menschen/ als andere/ wir haben
Sinne und Vernunfft/und GOtt hat
ns Kräffte und Verstand gegeben/ jhr
seyd

seyd unser und nicht mehr der Sabiner.
Der Ehestand anfangs im Himmel ge-
macht/wird auff Erden befestiget / Ihr
seynd von oben herab darzu geordnet
und ausversehen gewesen / wir haben
des Himmels Raht-Schluß volziehen
müssen. Es war also in den Büchern
der Göttlichen Gesetze eingeschrieben.
tröstet und bedencket euch / die Furcht
und Schrecken aus ewren Hertzen zu
entschütten / enthaltet und vergnüget
euch/daß ihr großmühtige und geneigte
Ehemänner habet / die euch ihres Ge-
luckes mit genießen lassen und ihrer Bur-
gerschafft theilhafft machen. Ihr werdet zu Müttern derer Söhne werden/
von welchen Söhnen der Welt Keyser
sollen gebohren werden/und die dapfer-
sten Kriegs Helden/ so die Natur gebil-
det/ die großmühtigsten Fürsten/ so die
Erde herrlich und berühmt machen sollen / und das edelste Tugendhaffteste
Geschlechte/ so die Menschheit jemahln
mit Ehren-Kronen betleten und mit Lob-
sprüchen ausrühmen mögen: Welches
alles

ches Dinge/ derer sich das Menschliche
Geschlechte nicht höher rühmen kan.
Auff solche weise hat Romulus die Sabinischen Jungfrauen beredet und getröstet / derer einige bereit zu Frauen ge-
macht/die andern aber biß zu den einbre-
chenden Nacht-Schatten bewahret worden. Sprach ihnen auch ferner freundlich zu/ sie solten allen Zorn und Unwillen sincken lassen/ und sich denen mit
Hertz und Gemühte ergeben / die umb
ihres Glückes willen ihr Leben geschen-
cket / und aus eigenem Verstande die
Personen geraubet: Weil auch offt auff
den Altaren des Eyfers die Opfer der
Liebe dargebohten werden; und flammet
sich von einer kleinen Funcken des Zorns
eine Brunst grosser Zuneigung und Ge-
wogenheit an/ und solches so vielmehr/
weil sie so geneigete und liebreiche Ehemänner finden würden/so viel nohtwen-
diger ein jeder seine Klugheit und scharf-
sinnigkeit zu brauchen gezwungen worden; Nach dem der Friede und Einig-
keit/welche sich mehrwahln aus den Ge-

dan-

dancken der beweibeten Männer we
langwüriger Glückseeligkeit zu verl
pflegen; Die der Menschen Gemüth
müssig und faul machet/und verursa
daß sie unsinnig und ungestüm ersc
nen / die Menschen ruchlose und w
machet; Die Arbeit und Mühsamb
aber streuen am meisten den Samen d
Eintracht unter die Häußliche Gem
ne aus / und halten die Gemühter
steter Bewung/Fleiß und Sorgfalt
rer Handthierung und Geschäffte/ u
zeretreibet alle trübe Wolcken welche d
Himmel der Hauß-Welt und Ehelich
Lebens verfinstern/und Vngewitter dar
inne erwecken können. Romulus ve
sicherte ferner diese junge Töchter/ d
ein jeder Eheman mit steter Treue un
standhafftigkeit sein Ehe-Geliebte keus
und rein halten würde. Aldieweil all
Anfang schwacher/ armer und geringe
Dinge die Menschen von den Lasterth
ten zuruck halten / und ein jedes mi
nohtwendigen/ behörigen Sorgen va
des Lebens Vnterhalt / belastigte Ge
müht

müht und Hertze entschlaget sich aller un-
gebührlichen Liebes-Lust/ und unzühmli-
chen Geilheit; Und dieweil der Mangel des Weiblichen Geschlechtes/ und
die geringe Anzahl der Frauen/ die sich
zu Rom befinden/ aller Gelegenheit den
Weg sperret/ wordurch die Verehlich-
en ihre Gesellinnen zubeleidigen/ pflegen
einzubrechen; Welche kräfftige Haupt-
Lehren und Betrachtungen in die Hertzen und Gemühter der betrübten und
traurigen Sabinerinn einen grossen
Trost eingesencket; Sintemahln eine
Frau (rechtmässiger Weise) keine grö-
kre Beleidigung und Schmertzen füh-
let/als wan sie sehen muß/ daß ihr Mann
den Glauben bricht/ und die versproche-
ne Treue vergißt. Diese des Königs
Hönigsüsse und verzuckerte Worte haben die beängstete Jungfrauen zimlicher
massen auffgemuntert und verursachet
daß die Liebe gegen die Eltern auff die
fremden Bräutigame und Ehemänner
verwand würde/ weil endlich ein Weib/
so von einem Theile des Mannes ge-
nom-

nommen / und Fleisch von ſei[n]
Fleiſche und Bein von ſeinen B[ein]
iſt/ohn Beſchwehr und leichte ſich t[ö]
chen und zu einem Manne geſellen
die ſich dan balde mit Liebezeichen
det/ und mit jhm eines Wiſſens/
Geiſtes und einer Seelen und D[ie]
theilhafft gemachet wird.

Wie nun Romulus von ihnen [mit]
der Abſcheid genommen/haben die M[än]
ner tauſend andere beweglich Bew[eg]
gründe angeführet/ und allerley Li[n]
rungs-Mittel/die Wunden ihrer ſchm[er]
tzen zu beſänfftigen und zu heilen erſe[n]
nen/da ſie ihnen mit liebreitzenden W[or]
ten / freundlichen Geberden und bew[eg]
lichen Geſprächen begegnet / und i[hre]
Hertzen zuerweichen geſucht / und b[e]
ſchafften ihnen gleichſam als klei[nen]
Kindern mit Poſſen und Kurtzwei[l]
das Bildnüſſe und Gedächtnüſſe ih[rer]
Kummers und Trübſals aus ihren Si[n]
nen und Gedancken zu reiſſen; wan[n]
endlich alle Kunſt an/ ſie zu ihren Geſ[el]
len und Gegen-Liebe anzulocken / un[d]

ll

zu denen Dingen zu gewehnen welche
durch keine Mittel wieder können gehei-
let werden/ nachdem sie einmahl geschehen. Diese ersten Römer haben unter
andern Künsten einen solchen Kunst-
Brieff ihre wehmütige Weiber zu be-
friedigen erfunden; Dann weil dieses
Geschlechte sehr ehrsüchtig und geitzig võ
Natur ist/ kan solches offt dienen selbst
jes zu allen Willen unnd Wolgefallen
des Mannes zu bequemen. Darumb
sagten die Männer zu diesen ihren jungen Weibern: Wir haben euch schönst
Rosen nicht von den dornigen Stöcken
der stachlichen Strengheit eurer Vätter
und Mutter abgebrochen und in unsere
Wohnungen eingesamlet euch zu schän-
den/ wie die schäußlichen Raupen thun/
sondern gleich wie die arbeitsamen Bie-
nen denn süssesten Honig von eurer
Schönheit zu saugen. Und zugenies-
sen: Die Götter behüten uns das solche
That zu einem bösen/schändlichen Ende
blie geschehen seyn: sondern wie wir eure Schönheit der Gestalt und die Freund-

D   lig

tigkeit eurer Gebehrden gesehen/die euch
ansehnlich und beliebt machen/hat auch
solche eure sonderliche Manier und
Höflichkeit zur Liebe und Zuneigung angetrieben und gezwungen euch in unsere
Häuser zu führen/ nicht allein im Ehe-
bette uns beyzuwohnen/ und die Hauß-
haltung zuversehen/ sondern auch alle
unsers Glücks und Wolfahrt mit zuge-
niessen/ nach welchen Worten ein jeder
seinem Ehe-Gatten mit dem Schlüssel
seiner Zungen nicht allein deines Her-
tzens-Thüre eröffnet/ sondern auch mit
den eysern Haußschlüssen ihren Schatz-
Kammern/ worin ihr Gold und Reichthum verschlossen gestanden; hat ihr solches gezeiget/ und sie zur Besitzerin und
Frau des Hauses/ der Freyheit und der
Kleinoden gemachet/ wie sie solches vernommen und gesehen hat selbiges denen
betrübten nicht allein einen Trost ge-
bracht/ sondern hat auch solche Krafft
gehabt/ die Thränen-Wellen/so aus den
Augen geflossen/in Stralen liebreicher und
holdseliger Anblicke zu verwandeln: da
bi

die rechte weise unnd wege eine Weibs-
Person zuerbitten/ werden durchs Gold
und Geschencke gebahnet. Vnd wer
bey diesem Volcke wol reden wil / der
muß eine güldene Zunge haben/ unnd
wer denn starcken Thurn einer Frauen
überwältigen wil / der muß einen mit
Golde beladenen Esell darvor bringen:
Vnd wer sich in der Schosse einer ver-
borgenen Danaiß sich zu belustigen be-
gehret/ der muß sich in einen güldenen
Regen verwandeln. Mit wenigen zu
sagen/ ein Weibs-Bilde ist ein Magnet/
der Gold an sich ziehet/ sie ist der schöne
Bornstein/ der guldenes Stroh umbar-
net. Ein güldener Hamen kan alle
harte Hertzen der Weiber fangen; Vnd
ein Diamanten Gemühte einer Frauen
wird von dem Gold-Blute erweichet.

Die Alten und Neuen/Geschicht-
Schreiber der Welt unnd die nach uns
kommen mögten/ schreiben / haben ge-
schrieben und werden mit der Feder der
Warheit diesen unumbstoßlichen Ge-
d</br>denck-Spruch in ihre Schrifften ver-

fassen;

fassen; Die Erfahrenheit/ die Erinn
und die langbeschehene Anmerckung
sen solchen Hauptsatz nicht lügen. D
verarmeten Geschlechter / die dürffti
Jugend/die ins Elende gerahtene Ra
empfinden solche Gedancken / und w
solches von andern vor mir angemerckt
darff ich nicht schweigen solches anzufü
ren / als einer so lange Jahrhunde
im Brauche gewesener Handel / be
ich an das Tages-Licht kommen und i
die Welt gebohren worden.

Die Sabinerinnen aber/ welche be
wilder Thiere Hertze/ noch ehrenes Ge
mühte gehabt/ seynd endlich von dem
Schertz-Reden ihrer Ehliebsten erwe
chet und von denn herlichen Glantze d
Edelnsteinen mehrentheiles eingenom
men und erfröllet worden die sie in ih
ren Häusern gesehen / nachdem sie d
Zorn und Unwillen von ihrer natürli
chen Eigenschafft abgesondert hatten
seynd sie ihnen als helleuchtende lieblich
Sterne erschienen / welche nach einem
trüben Winter / in einer Früling
Nach

Nacht/ schön und ahmuhtig hervor bli-
tzen/weil letzlich aller schein des Eyfers
und Unwillens in freundliche Leidselig-
keit verwandelt und begütiget worden/
haben sie sich auch gegen ihre Männer
zonstig und geneigt erzeiget / und seind
aus wührenden Höl-Geistern/sanfrmü-
tige Tauben worden / und wie sie mit
süssen Küssen und Umbarmungen em-
pfangen/ haben sie die jenigen gleichfals
geküsset und umbarmet / die ihnen mit
standhaffter Treue und Glauben eine un-
zertrenliche Eheliche Geselschafft und
unverlöschliche Liebe versprochen. Nunmehro gründete Rom auff die starcken
Säulen dieser Ehelichen Beylager die
sichere Befestigung der Ehren-Bildnüs-
se ihrer Fortpflantzung / hohen Majestät
und Erhaltung. Darnegst erwarteten
sie aus der fruchtbaren Schosse dieser zu-
künfftigen Mütter die Ausbreitung und
Vermehrung des Geschlechtes/ welches
die Wunder Statt der Welt/ und unge-
wohnlich Gedenck-Bild der Sterbligkeit
so hochansehnlich/ prächtig und mächtig

biß

biß an des Himmels Thro

Die Väter und Mütter a
raubten Jungfrauen konte
wegen der von denn Römer
Schmach und Gewaltthät
ren Gemühtern besenfftigen
gröste Beleydigung so einer
und tapfren Gemühte begegr
jenige ist/die einem seine Ehr
Die Reputation und Ehre
stein der keinen Mackel oder
sich begreiffen noch leyden ka
nehmen vermag nicht so wol
gang eine ehrliebende Pers
und betrüben. Wie jene Rö
stalische Kloster Jungfrau d
angeklaget unnd unschuldt
worden / ist sie dennoch öf
dem sitzenden Rahte von ihr
bestraffet worden/das sie du
tiger Kleider-Schmuck keit
heit solte scheinen lassen/jhr
zu reden. Die Frauen u
frauen seynd verpflichtet vie
Hertz rein und sauber zu ha

Schöner Kleider Pracht prangen/die mit
Heiligkeit beperlete gefallet Gott. Die
mit den Edelsteinen der Nichtigkeit und
Uppigkeit glänkender Zierraht veran-
lassen böse Gedancken über denn guten
Leumund und Nahmen der Jungfrauen.

Es seynd aber die Väter dieser ent-
führten Sabinerin in trauriger Gestalt
und Habit/ mit gank erbitterten Sinnen aus ihren Häusern gangen und mit
weinenden Augen unnd mit Wehmuth
verkleideten Worten vor einer Statt zur
andern gelauffen das Volck aufgewie-
gelt / ihnen die alte Freundschafft und
die ihren eigenen Töchtern vorstehende
Gefahr zu gemühte geführet/ damit sie
selbige als grimmige Wald-Thiere wider die Römischen Jungkfrauen Rau-
ber angefrischet unnd aufgemuntert;
gleichfals seynd sie auch vor den König
der Sabiner gelauffen/ und mit grossen
Geschrey und Klagen nicht allein die al-
gemeine/ sondern auch eines jeden Ein-
wohners absonderliche Hülffe begehret
die ihnen von den Römern angethane

D ij   Be-

Beschimpfung und Gewaltthätigkeit zu
rächen. Dan weil solche an einem Ort
einer sichern Freystete/ zu Friedens-Zei-
ten/ bey Begebenheit des Schau-Spie-
les/unter der gegebenen Treue und Glauben bedeckt/der Billigkeit bemäntelt und
der freundlichen Bundes-Einigkeit ver-
kappet beschehen/ were solches eine allge-
meine Sache/die den König selbst mehr
zur Verletzung seiner Majestät gereiche-
te/ als den Eltern der geraubten Töchter
selbst; welches ein so abschäulicher und
grober Händel/ so sehr ihnen die Römer
unter dem Schein der Gottesfurcht und
Religion nur der Larven einer grausamen Scheinheiligkeit und Verstellung
des Angesichtes unterstanden nicht allein
die Menschen auff Erden / sondern die
Götter des Himmels selbst zubetrügen/
welche mit höchsten Gefallen sich erfreu-
en / die jhnen von den Sterblichen be-
gegnete Lästerung und Gewaltthätigkeit
sehen mit gebührlicher Straffen zure-
chen: gleich wie sie die grossen Laster ohne sonderliche Abstraffung nicht erdul-
ten

den können. Der zu derselben Zeit re-
gierende König der Sabiner war Titus
Tacius , welcher ihm über den hohen
Stamm / und Vortrefflichkeit seines
Nahmens der ihn großmühtig machte/
auch wegen seiner Gnaden und Gütigkeit nebst den eigenen Tugenden (welches zwey Seulen / so den Thron eines
Fürsten unterstützen und halten) den
Ruhm des tapfersten und großmühtigsten Herren zu selbiger Zeit erworben. Zu
welchem die Abgesandten mit braunen
Kleidern angethan kommen/ von welchen Er hochbetheuret und gezwungen
worden die Waffen wieder die Römer
zu ergreiffen; worzu er nicht allein von
dem Haupt-Puncte der verletzten Majestät angetrieben/ sondern auch in Ansehn der Beschützung des Rechtens aller
Völcker / und des gebrochenen Glaubens bewogen worden/ welcher auch von
dem Himmel selbst beschützet und von
den Gerechtigkeitliebenden Menschen gehalten wird.

Auff die vergossene Thränen der Vä-

D v   ter

ter und Mütter der verlohrnen Sabi-
rin/ haben sich die Ceninenser/ die Crustuminer und Antenater den Sabinen
angrentzende Völcker mit ihnen zu
Kriegs-Zuge vereiniget. Weil ihnen
als Freunden und Bunds-Genossen
dünckete / die Beleidigung were ihnen
ins gemein wiederfahren. Dan in Warheit die rechte Freundschafft in der vorge-
nommenen Beschutzung des Mit-Glie-
des und Eyds-Verwandten bestehe.
Vnd soll ein Freund beym andern in
Wolstand fest stehen/und im Vnglück
und Elende keinen Fußbreit weichen
noch wancken. Nachdem die Freundschafft zu meiden ist/welche ihr allein den
Nutzen und Gewinn vor Augen stellen
und die sich nicht will bequemen die last
des Schadens und der Gefahr des
Freundes helffen zu tragen.

Es scheinete demnach der von diesen
Völckern wieder die Römer einhellig
angestalte Krieg und Zurüstung im ersten Anblick den Römern selbst erschrecklich / wie man aber nachmaln zu Felde
gehen

ſgehen ſollen/ haben die Sabiner der Ce-
ntinenſer Hülff-Völcker allein ſich zu ih-
ꝛnen ſtoſſen ſehen. Dieweil es offtmaln
beſchihet/ daß einige einen groſſen Ge-
ſallen tragen nicht allein die Kriegeri-
ſchen Gemühter und dapfern Geiſter der
Bundsgenoſſen anzuſtammen und zu-
erhitzen/ ſondern auch zu beſchwerlichen
Kriegen anzuhetzen und anzureitzen/daß
man es nachmaln zu Beprobung kom-
met/ auff die Spitze und Teſt zu ſetzen/
ob ſolcher Einſchlag und Raht oder Antrieb auch wolgeſ. ſſet und auffrichtig geweſen / da befindet man/ daß ſie von
lauter Simulation, falſchen Schein und
Schmeicheley zuſammen geſchmeltzet ge-
weſen/ welche beyden Metall die gedie-
gene Reinheit des klaren Goldes einer
ungefälſchten Freundſchafft gantz ver-
derben; und offtmaln ſeynd einige nicht
vergnüget daß ihr Bund-Genoſſen in
Friede ruhet / erwecken zwiſchen Ihm
und ſeinen Nachbarn Krieg/ welche in
dem ſie ihm helffen ſollen/ ſtehen ſie und
warten auff den Außgang/und je weiter

D vj   ſie

sie sich von dem Geräusche der Waffen
entfernen können/ jeweniger bekümmern
sie sich umb den Untergang und Verlust des Friedes. Dieweil endlich der
Friede aller Reiche und Herrschaften
höchstes Guht ist. Dieses ist der glück-
lichste Endzweck/ zu welchen die Fürsten
ihr Reich und Herrschaft bringen können
Dan solcher die Mutter und Pflegerin
der Welt-Seeligkeit ist/ welche ein Reich
und Statt so viel Fruchtbarer und rei-
cher macht / je länger sie darinnen ver-
harret; Derowegen einen Krieg aus einem rechten Haupt-Grunde anzufan-
gen/ vonnöhten ist/ daß die selbigen vor-
zunehmen und zu führen gedencken/ ihre
eigene Schatz-Kammer öffnen und ü-
berrechnen/ ihre eigene Macht und Soldaten in Augenschein nehmen und mit
ihres Feindes Gewalt und Stärcke auf
einer richtigen Verstandes-Wage er-
wegen / ob sie deßen zuvergleichen und
das Gegen-Gewichte halten kan/ damit
er nicht in ein unauswicklich Labirinth
gerahtet. Wofern er nicht einen gerahten
Faden

haben einer richtig abgemeſſenen Gleich-
heit aller Sachen zur Hand genommen/
damit er ſicher zum Außgange und Ende gelangen kan.

Seynd demnach die Cenimenſer mit
weniger Klugheit und Vorſichtigkeit in
der Römer Grentzen und Landſchafft
eingerücket: Ich habe mit weniger Klugheit geſagt. Weil ſie ſich von dem An-
triebe regieren laſſen/welcher (ohne Vernunfft) die wilden Thiere ins Netz zu
führen pfleget / und da die Menſchen
(wan ſie ſich mit guhtem Rahte zu mäſ-
ſigen wiſſen) allen Vnglücks Fall nut-
ben können/ ſeynd ſie im erſten Anzuge/
(weil ſie entweder das neue Römiſche
Volck nichts geachtet/oder aber mit vor-
hergehender fleiſſiger Erwegung eines
vernünfftigen Rahtſchluſſes die zu einer
richtigen Haupt-Regel Kriege zuführen/
gehörigen Dinge wol angeordnet und
befeſtiget) angefangen (da ſie das Land
verwüſtet und die Häuſer und Höfe geplündert) ſolche Armee mehr ihren Geit
zuerſättigen/ als Rache zu üben/ insge-

D vij   brau-

Frauchen/ daß wan sie besseres Abs
zu fechten / als zu rauben und plünd
gehabt hetten sie auch die Beute erso
können/die ihnen die Römer abge
men.

Wie aber an seiten des Gegen
Romulus mit einer guten Anzahl R
ter aus der Stadt ihnen entgegen ge
cket; hat er alles zum Kriege behörig
gute Ordnung verfaßt; die Truppen n
den Kriegs Regeln in Ordre gestellt
Partey. Gänger und leichten Reu
voran marschieren lassen/im Nachtru
pe aber hat er einen starcken Hinterh
zum Succurs verstecket/und den Fein
mit Ernst angegriffen/ sich an einige ge
wazet/ die sich ihm entgegen setzen we
len / hat er bestritten und geschlagen/
dergestalt daß den hinterstelligen une
dentlichen Haufen zuerlegen/ nicht an
ders übrig gewesen/ als nach der Weis
der Schlächter dieselben nieder zu me
gen. Den die Flüchtigen von den U
berwindern verfolget/und getödtet wor
den/ die aber die Waffen hingeworffen
und

und gesucht das Leben zuerhalten / die
wurden gebunden und gefangen geführ-
ret: Also daß diese Völcker die ohne einige Haupt-Ursache und Grund den
Krieg vorgenommen / mit ihren Schaden und Kosten gelernet wie nichtig und
Krafftloß der Zorn ohne Gewalt und
Stärcke sey: und wie thöricht und ver-
wogen der unreiffe Eyfer ohne Klugheit
und Vorsichtigkeit zu schätzen: welche
eine so herrliche und hochgültige Tugend
ist / die nicht allein zur Behutsamkeit/
sondern auch zur Vorbereitung der Sachen dienet; die den Menschen nicht bloß
zuzurüsten / sondern sich auch vor viel
Nachtheil und Gefahren zu versichern
anweiset.

Titus Tacius, der die auff der Flucht
in unordnung umbherschweiffende Soldaten nicht können zurück halten/ noch
wieder in Ordnung bringen/ ist mitten
unter die Wurffspiesse, Pfeiler und feind-
liche Schwerter gerahten und unter den
Todten gefallen und mit erschlagen worden. Welche Niederlage und Verlust
weil

weil die Victorie und den Sieg
Krieges-Heeres zu hindern der Todt
Fürsten und Feld-Herrn genugsam
hat den Vberwinder zu noch
Glückseligkeit gedienet/welches von
focken und Freuden getrieben
sen Vngestüm biß an die Stadt
de fortgeeylet/ selbige geplündert und
raubet/ worauff das Kriegs-Heer
grossen Freuden und Triumph-Geschrey
wieder in die neue Stadt-Rom
zogen.

Romulus aber/ der mit einem
roischen Helden Muhte ausgerüstet
und nicht anders wuste als sich
müheig und dapfer zuerzeigen/ umb
se seine erste Victorie und erhaltenen
Sieg mit einem herrlichen Ehren-Ge
dächtnuß berühmt zu machen/ und
bige mit einer ansehnlichen und
wunderungswürdigen Pomp und Sie
ges-Pracht in den Gedancken der Nach
Welt zuvergewissern/ weil er in
cken so magnifick und kostbar / als
hochwichtigen dapfern Thaten Ruhm
gierig

krig ſich erzeiget / hat auff einen mit
ſonderlichen Kunſtfleiß verfertigten und
mit guldenen Puckel- und Leiſtwercke
außgezierten Triumph-Wagen/ wie ſolches ein ſolch anſehnlich Freuden-Feſt
foderet/ die Außbeuten und Raub des
erſchlagenen Königs der Feinde geleget/
und von allen Regimentern des Kriegs-
heeres umbgeben auff dem Capitolio
der Römiſchen Rahthauſe als ein Tri-
umphierer und Sieges-Fürſt ſeinen Ein-
zug halten wollen: Da er mit eigenen
Händen die Sieges-Zeichen des erſchlagenen Königs an einen heylig-geweiheten
Eichbaum aufgehencket / welcher von
den Heyden vor unverletzlig gehalten
worden / den auch Romulus mit ſonder-
licher Ehrerbietung gewürdiget / dan-
weilich wie Er aufangs ein Hirte geweſen
und auß eigener Tugend ſich zur Königlichen Majeſtat erhaben/ hat er ſich
nicht verdrieſſen laſſen ſeine erſte Speiſ-
und Gebrauch zu ehren. Sondern
ſich über den Haupt-Grund und beweiß
ſeiner erſten ſtärcke und Dapferkeit
erfreuet/

erfrewet / und gefroloctet daß Er ei[..]
Gedenck-mahl seiner Gewalt und Ho[..]
heit aufgerichtet / darumb Er auch [..]
nes Armuht und Elend. Standes ni[..]
vorgeßen wollen / sich desto Lob und E[..]
würdiger zumachen / und seinen Na[..]
men der unsterblichen Sterbligkeit [..]
zuverleiben.

Hat demnach diese reiche Be[..]
(die Römer nantes die Triump-zeich[..]
spolia opima fette Beuten / welche[..]
der herlichen Rüstung eines von ihm[..]
im Kriege erschlagenen Königs zube[..]
e:t worden) dem Jupiter gewiemet [..]
cher von den Heyden vor der Gö[..]
König und der Menschen Väter geh[..]
ren worden. Darauf der König [..]
mulus gleichfals zum Gelübte und [..]
bächtnüße des ersten von den Rö[..]
erhaltenen Sieges / mit eigenen Hän[..]
den Grund-Stein eines Exempel [..]
leget; sintemaln der nützligste und r[..]
ligste auch heylsamste Ende des W[..]
schen ist die erinnerung Gottes; eine [..]
heilichere und lobwürdigere Sache [..]
[..]

er es/nicht allein nachmaln die gethane
Gelübte ins Werck zurichten; sondern
auch zugleich die Gnade und Gühte von
seiner Göttlichen Majestat zuerlangen/
solche dinge aufzurichten/ welche bey den
Nachkommen das Gedächtnüß der emp-
fangenen Wolthat befodern konnen/und
solche Einsetzungen anordnen/ welche
die Gottes Furcht und Religion des
Fürsten der vergänglichen Ewigkeit auff
Erden (darnach sie am meisten streben)
ein verleiben; nach derer Vorbilde und
Exempel die unterthanen/ gleich wie
die Mucken nach dem lichte/ das Eysen
nach dem Magnete/ und das Strohe
nach dem Born-stein und wie der Ma-
net nach dem Pol/ sich richten. Damit aber entlich der König Romulus
die lebhaffte Krafft seines Verstandes
einem gethanem Gelübte vereinpahrte/
hat er auff folgende weise gegen den Gott
(dem er die Weyhung selbst geheiliget)
zu reden angefangen.

O Jupiter Feretrius/ ich Romulus
der erste Römische König/Vberwinder

des

ßes Feindes des Königs der Sabi[ner]
opfere dir nicht allein diese Königl[iche]
Waffen und Rüstung / sondern hei[lige]
und wieme dir darneben diesen Tem[pel]
welchen ich anjetzo selbst an diesem D[ing]
abgemessen/ und den ersten Grund[stein]
zu dessen Erbauung geleget / als ei[ne]
Wohnung/ Sitz und Gotteshauß/ [in]
welchen künfftig die reichen Außbeu[ten]
des Römischen Volckes sollen hin[ge]
legt und verwahret werden. Wan[n]
selbiges nach Vberwindung der Fein[de]
mit den ihren Wiederwertigen ab[ge]
nommenen Waffen und Gewehr /
Rom mit Triumph und Sieges-Gesch[rey]
wieder einkommen wird. Darüm v[er]
heisse und gelobe ich Romulus vor d[ie]
ses und allemahl/ daß meine Nachfa[hr]
er im Reiche und Regimente diese[m]
herrlichen und hochrühmlichen Exe[m]
pel und Vorbilde zu folge/ die anse[hn]
lichen Ausbeuten der Königen u[nd]
Kriegs-Obersten ihrer Feinde/ die v[on]
ihnen im Felde und Treffen erschlag[en]

worde[n]

orden / abgezogen in diesem Tempel
ufhencken sollen.

Dieses ist demnach der erste Ursprung
wesen/ dem Jupiter Feretrius die rei-
en Beuten zu weyen und auffzuhen-
en; welche nach Romulus nur zwey-
mahl in einem so langen Zeit-Lauff/ und
so vielen Kriegen/ so von den Röm-
ben Volcke mit so vielen Nationen und
ndes. Einwohnern der Welt geführt-
t / nebst andern denckwürdigen und
underbaren Geschichten/ geschehen und
zogen worden; welches ein sonder-
res seltenes Glücke und Freude gewe-
n / daß weil sie so seltsam und nicht
ich ordentlichem Lauff vorgefallen/ die-
e sie zu desto grösserer Glorie und Vor-
trefflichkeit/ dan gleich wie der Vberfluß
nes Dinges balde einen Eckel erwecket/
so machet die Seltenheit dieselben
etzbar/ sie vergewissert auch die ordent-
ch beschehene Verrichtungen und Tha-
n/ und nicht allein die hochwichtigen
ändel und Geschichte; Sintemaln
weniger sich die grossen Begebenhei-
ten

ten sehen lassen/ mit desto grössern Ve
wunderungs - Augen werden sie ang
schauet/ und mit tieffern Gehorsam
ehret / dieweil die Welt nichts geri
schätziger in sich begreiffet als die V
heit und Vbermasse / wodurch die
meinen Dinge gantz wenig geachtet un
angesehn werden; wie unter den Ori
talischen die Perlen/ unter den Pe
vianischen das Gold/ den Arabisch
die Gewürtze/ wolriechende Specere
und Rauchwerck/ weil sie bey jhnen
gemeine ordentliche Gaben und Frü
te der Natur/ werden sie wenig von
ter Ländern Einwohnern geachtet; J
gegentheil / was die Begierde neug
rig reitzet und lüstern machet/ das v
ursachet / daß die Schäußligkeit u
Vngestalt selbst ein schönes Ansehn h
und angenehm scheinet/ und dichtet
nacketen Blösse der Dinge selbst / ein
sonderlichen Zihrde. Schmuck schö
und kostbarer Kleider an: dan je me
die Menschliche Natur des vor jhr
Sinnen schwebenden Dinges berau
wir

ird / je mehr begehret sie selbiges zu
bmecken/zu sehen oder zugenissen/und
van sie solches erlanget/bedecket und er-
tzet sie allen Mangel mit der Begier-
gkeit / die sie selbige zubegehren angetrieben.

Meiner Meinung nach thut ein Für-
e wol / der die Ehrerbietung und Ge-
orsam seiner Unterthanen liebet/daß
: selten in derer Gegenwart und Anwesenheit erscheinet. Ich lasse aber die-
: Haupt Regel den hohen Potentaten/
welche nicht irren noch fehlen können/
dann wer herrschet und andere regieret/
er siehet alles/ höret alles/ verstehet al-
:s und weiß alles. Ich wende mich
wieder zu der guten/fetten/reichen Beu-
:/ welche vor der Fettigkeit ihrer Glo-
te und Ruhm und Herrligkeit; dieweil
zwischen dem Siege und der Vergnü-
en kein fetteres und schöners Ding ist/
ls der Nahmen und Pracht/ des Triumphes und Sieges-Gepräs ge welcher
wegen des Todes des Königs oder des
feld-Herrn der Feinde die Armeen hoch-
berühmt

gerühmt und die Oberwinder Ver-
berungswürdig macht.

Der Nahme des Siegers und W-
winders ist einem auch geschlagenen
zertrenneten Kriegs-Heers genug
selbiges den König der Feindlich
mee geschlagen und getödtet. Die
es in dem Handel der Reputation
Hoheit der Menschen hochgültig
und in der Menschen Gedancken
preißbar geschätzet wird/daß ein M
das Bilde und die Person eines Kö
an seiner Brust führet/als tausend m
tausend der gemeinen/ geringen Leu
Wann gleich eine Armee in die Flu
geschlagen und zertrennet wird/und
der Feld-Oberster darvon kompt
bey Leben erhalten wird/ so versam
sich doch die flüchtigen und entron
Troppen wieder zu Ihm / der üb
Schatz kan die Regimenter und Ar
wieder vermehren und ergäntzen /
das Leben des Fürsten dienet zum
Heyl und Wolfarth des Reiches und
dessen Lobe und Ruhme / wa
ab

aber der König/ so selbst die Armeen zu
Felde führet/ erleget wird/ und das Leben verlieren muß/ ob gleich die Kriegs-
Völcker bey Leben bleiben/ so verläst doch
ein jeder seine Standtarben und Fähn-
lein/ begiebt sich auff die Flucht/ und
wendet sich dahin/ wohin jhn das blinde Glücke führet/ die dapfern/ streitba-
ren verschwinden/und die gantze Macht
weichet/und raumet das Feld. Dann
der Todt des Königes nicht allein dem
Glücke der Arme/ sondern dem Thron
der Herrschafft selbst den Tod und sturtz
Fall verursachet.

In dem nun das Römische Volck
nit seinem Könige bey dem Opfer in
hrer Andacht und Freuden-Feuer ver-
harreten / nachdem eine wahre Religion
es Fürsten (welche der Haupt-grund-
fuß des Ehren-Bildes und Wunder-
Mannes des Reiches ist) in derselbsten
Gegenwart und Erscheinung/seiner als
es Hauptes des Volckes und Unter-
thanen/ in offentlicher Gemeine bey de-
en Verrichtungen des Gottesdienstes/

E   und

und Ablegung der algemein gethanen
Gelübde: Da haben sich die Antennater an der andern Seiten der Gelegenheit bedienet / und die Zeit in acht genommen / seynd in der Römer Landschafft mit gewaffneter Hand eingefal-
len / und wie sie keinen Wiederstand
vernommen / haben sie tausenderley
Schaden verübet und zugefüget/dieweil
die Einwohner des Ortes denen Göttern zugehorsamen sich in die Statt begeben / und nebenst jhrem Könige der
Opferung und Triumph-Spielen bey-
wohnete.   Von welchem Könige Romulus man als von einem frommen und
Gottliebenden Fürsten sagen kan/ was
Xenophon schreibet/daß er einem guten
Hauß-Vatter ehnlich gewesen/und daß
deßwegen die Unterthanen als gehorsa-
me Söhne sich mit jhm in allen Zufällen freudig in alle Glückswege begebē un
deßen Schrancken durchgelauffen/ dieweil ein kluger/ gerechter und getimpffli-
cher Fürst zu allen Zeiten auff Erden
der Sonnen zuvergleichen/die am Himmel

mel leuchtet; das ist/ er wird mit Ver-
vunderungs-Augen angeschauet/ und
mit Ehrerbietung von den Unterha-
ren angebetet/gleich wie die Sonne von
den Planeten unter der Sternen Heer.

Wie immittelst Romulus der Ver-
vogenheit der Feinde berichtet worden/
vas sie ausserhalb begangen/ hat er in-
rerhalb eine gute Armee auff die Beine
jebracht/ und als derselben Haupt mit
hr aus der Statt den Antennatern ent-
jegen gezogen / hat sie aus dem Lande
jejaget/sie verfolget/ und in einer Furie
und Nacheylen biß an ihre Statt geeil-
et/und selbige eingenommen.

Die Sabinerinnen aber haben die
Hersilia des Romulus Ehe-Gemahl
nit Thränen und gebogenen Knien er-
ucht/ sie wolle jhnen die Gnade erwei-
en mit Ihrer Königl. Majestät sich zu
interreden / daß sie die Feindseeligen
Waffe wider ihre Väter geführet wol-
e ablegen/ und jhnen einen Tag Friede
schencken / und sie mit ihren Männern
n Ruhe leben lassen. Die höffliche

E ij   Frau

Fraue/welche als eine Königin ein recht
Fürstinnen Hertze und Gemühte gehabt
(von Güte/ keutseelig und Barmher
tzigkeit erfüllet/) versprach den betrü
ten und in Sorgen steckenden Sabi
nerinnen bey ihrem Könige alle Gna
de zu erwerben. Der König ist mit ei
nem kleinen Triumph. Geschrey wieder
in Rom eingezogen (dieser Triump
wurd Ovatio genant/ welches eine Ar
des Triumphes bey den Römern gewe
sen/ dessen Nahmen von einem Opffer
genommen/ wobey ein Schaff von den
Siegs-Fürsten geopfert worden) wel
chen die Königin begegnet/ ihn umbar
met/ und bey der Freuden eines doppel
ten Sieges ihm die Sache vorgetragen
und demühtig gebeten die Sabinerinn
mit Gnaden-Augen anzusehen. Den
Eyfer wieder die Sabiner ins künfftig
fallen lassen/und der verübten Schmach
und Vnrecht vergessen / welches einem
Heroischen Helden Gemühte und Kö
niglicher Gnaden wol anstehe und ge
bühre/ damit er sich vielmehr mit ihnen
als

als Nachbarn in eine beständige Allian-
ze und Bundnüsse einlassen als daß Er
langen Zorn in seinem Hertzen brennen
und Krieg führen lassen wolle/ welcher
so vielmehr zu beklagen/ als der die Eltern derjenigen betroffen / so des Römischen Volckes Ehe-Frauen worden/
und die Mutter der ersten Kinder der
Statt Rom seyn solten.

Romulus hat sich gantz nicht unge-
neigt und wiedersinnig auff diese Bitte
erzeiget/ sondern hat ihr wegen der grossen gegen sie tragenden Liebe/ gnädige
Ohren gereichet / so weit es das algemeine Beste und seine eigene Hoheit zulassen wollen/ihr zugehorsamen. Dan
je mehr sich ein neuer Fürst des Zwie-
spaltes und Streitigkeiten Feind erzei-
get/ destomehr Freunde erlangt er/ und
gleich wie er weiß wol im Friede zu leben/
also erwürbt Er ihm einen guten Glauben und Einbildung bey allen Völckern/
daß er keinen einigen Wiederstand noch
Verhinderung seiner neuen Hoheit und
Gewalt findet/und sich nachmaln/ als
einen

E iij

ein alter Thurn/auff den Haupt Grund
be seines Gemauers/ leicht erhöhet und
befestiget.

Dieser grosse König der Statt Rom
hat sich bey allen offentlichen Ceremonien und Geschefften zugegen gefunden.
Er hat die Waffen allezeit selbst wieder
seine Feinde ergriffen und die Kriege zu
Ende geführet. Er hat einem jeden das
seine ohne einig eigen Interesse das sei-
nige zugetheilet/ in dem er die Tugend-
hafften begnädiget und belohnet / die
Missethäter hingegen bestraffet/ womit
Er einen gerechten Fürsten zuerkennen
geben. Die Götter/so er ehrete und an-
betete/ wurden auch von seinem Volck
gefürchtet und gehorsamet. In Summa / die drey Eigenschafften von dem
Diogenes Pithagoras einem gerechten
und weisen Fürsten vorgeschrieben / waren in sein Hertz eingeschrieben und mit
einem Diamanten Griffel in die Seel
eines so gewaltigen Königes eingegra-
ben.

Wie nun Romulus alle Feindseelig-
keit

keit und Grimm wieder die Sabiner
fallen laſſen/ hat er die Waffen wieder
die Cruſtuminer gewandt/ welche den
Römern allezeit im Felde ein groß Unglück getrohet; Dieweil der Anfang aller Dinge ſchwer iſt/ ein neues Königreich und Herrſchafft ſeynd gleich wie
die jungen Kinder/ ſo in ihrer zarten
Jugend von tauſenderley Wiederwer-
tigkeiten gedrücket werden/ da ſie doch
an ihnen ſelbſt ſchwach und unkräfftig
ſeyn/ welche dieſelben offtmaln umbs
Leben bringen/ weil ihre Natur wenig
Kräffte und Hüffmittel in ihr ſelbſt hat
ſolche Schwachheiten zu heilen/und un-
fähig iſt Artzney einzunehmen/ ſolche zu
vertreiben/ wan die Natürlichen Kräffte ſolches nicht zu thun vermögen. Die
Mißgunſt unter den Feinden eines neu-
aufgehenden Reiches/iſt das ärgeſte aller zufälligen Dinge. Die Nachbarn
haben kein gut Auge und Gedancken auf
eine neuauffwachſende Hoheit und Ge-
walt/ die Weitentlegenen verbinden ſich
miteinander ſolche auszuleſchen und zu

vertil-

vertilgen/und machen die nächſtangren-
tzende behertzt und mühtig ſie auch anzu-
greiffen. Ein altes Reich wolte alſobald
bey der Geburth eines neuen Regiments
die Lebens-Göttinnen die Parcen zu
deſſen Heb-Ammen fodern und beſtel-
len/ die ſelbigen den Lebens-Faden ab-
kürtzen ſolten. Dieſes iſt ein allgemei-
nes Ubel. Die erſten Einwohner der
Welt ſeynd von ſolchen Kranckheiten
nicht überfallen worden. Hingegen a-
ber wiederſtehen die neuen Völcker leichte einem jeden Streich der Mißgunſt
und Feindſchafft/weil ſie von dem Noht-
Zwange unterrichtet und getrieben das
Eigenthumliche nicht ſo hoch achten und
lieben/ſondern alles auff das Algemeine
wenden/ nachdem zuſehen daß ſie ſich er-
ſchrecklich und furchtſam machen/ſo viel
ſie ohne Abſonderung ihrer Gemühter
und Gedancken von dem algemeinen
Beſten/ ihnen ſelbſt Macht/ Gewalt
und Reichthum erwerben und zu wegen
bringen. Die privat Affection und Zuneigung wachſet mit der Zeit in neuen
Rei-

Reichen und Herrschafften. Sie er-
langen ihren Zuwachs und Aufnehmen
von einer langwührigen Glückseeligkeit/
von beständigen Friede/und Ruhe / so
von den reichen Früchten und Wolstan-
de der Jahre allein entsprossen und her-
gerühret. Die neuen Völcker und Einwohner einer Statt oder Landes finden
nicht alsobalde Friede und Ruhe in den
Windeln und bey der Milch ihrer ersten
Geburth und Ursprunges. Durch den
Weg der Waffen ist gleichsam eine jede
Nation in den Friedens-Tempel eingan-
gen/ und durch das Meer der streitigen
und ungestühmen Unglücks-Wellen in
den Hafen einer sichern Ruhestelle an-
gelanget und mit Freuden eingesiegelt.

Der Siegel-oder Magnet-Stein der
Beschwernüsse und Wiederwertigkeit
hat mehrentheils alle neue Herrschafften
nach dem Pohl oder Leit-Stern der Zärt-
ligkeit und Wollüstigkeit gezogen. Ein
neuer Regente setzet sich selten in den
Triumph-Wagen der Glückseeligkeit in
seinem Reiche/ wan er nicht vorhero von

E v   der

der Luſt der Waffen und Kriegs-Rü-
ſtung vor ſeine Perſohn eine gute Reiſe
zu Fuſſe verrichtet. Die Krone des
Kampfes wird nicht anders als durch
den Weg der Mühe und Arbeit erlanget.
Ein armer Kauffman erwürbt ihm nicht
alſobald ein groſſes neues Guht und
Reichthum/bevor er mit dem Meere ge-
ſtritten und auff der Erde geſchwitzet/
mit Wenigen zu ſagen/ gleich wie groſſe
Gewalt und Hochheit nicht ohne Be-
ſchwerde erlanget/ alſo können ſie auch
ſelten ohne groſſen Zanck und Streit befeſtiget werden.

Romulus aber hat auff die Haupt-
Fundamente ſeiner Reputation und hohen Anſehens (deſſen ſich die Kriegs-
Oberſten nichts höhers zu rühmen) das
Werck der Victorie wieder die Cruſtuminer gegrundet. Dieſe haben in dem
Angeſichte eines ſolchen Königs/welcher
das Glücke beym Haren ergriffen/ und
die Gewalt in ſeiner Rechten geführet/
die Waffen mit der Freyheit übergeben/
und den geſuchten Frieden erlanget. Dabey

bey sich die Antennater und Crustuminer
verpflichtet ein Römisch-Erbauendes
Volck oder Colonie in ihre Grentzen ein-
zunehmen. Da die Römer einer vor
dem andern sich einzuschreiben begehret
in diesen beyden Stätten zuwohnen/weil
sie gemercket auch wol gewußt daß der
Grund und Boden derselben Fruchtreich
und alles Uberflusses vol/ sie wol näh-
ren und tragen können. Es empfin-
det der Mensche keinen grössern Antrieb
seiner Begierde/ als ein solch Land fin-
den/selbiges zu bauen und zu bewohnen.
Es seynd zu diesen unsern Zeiten fast
keine einige Denckmahle mehr zu finden
da die Stätte der Einenser und Antenater gestanden/ und an dem Orte der
Crustumen ist ein runder Berg zusehen.
Nach dem nun diese Völcker mit den
Römern in Freundschafft getreten und
einen Bund mit jhnen geschlossen/haben
sich jhrer viel nach Rom zu wohnen be-
geben/ dan weil sie eine Statt gesehen/
die an Reichthum und Gewalt sehr zu-
genommen/ haben sie ein hochrühmlich

und glückseelig Vaterland zu finden verhoffet. Vnnd weil sie der geraubten
Sabinerin Vater gewesen / haben sie
bey jhnen als jhrem Blute (welches allen Menschen von Natur gemein ist)
desto lieber zu leben und zu sterben begehret.

Wie aber Romulus an der andern
Seiten allen Wurtzeln des Eyfers und
Zorns aus seinem Gemühte ausgerot-
tet/die er wieder die Sabiner einwurtzeln
lassen/ und nun meinete / er konte sich
wol sicher unter der neuen Freundschafft
ohne Leib. Wache beschitzen / weil Er
auch gantz nicht argwohnte daß der ge-
gebene Glaube solte so schleunig gebrochen werden/ hat er in Rom keine Besatzung und Schild-Wechter verordnet
sondern die mit ihm in Freundschafft
stehende Völcker mit auffrichtiger Redligkeit in die Gemeine und Bürgerschafft
der Stadt Rom auff · und angenommen. Die Sabiner/welche sich wegen
der frischen Gedächtnüsse des Raubes
jhrer eigenen Töchter/ zu einen Haupt-
Frie-

Frieden zuschicken gewust/ haben ihnen
eingebildet/ sie könten unter den Schein
der Liebe und freundlicher Vertraulichkeit
die empfangene Gewaltthätigkeit und
Beschimpfung rächen/ dieweil kein besser Deckel gröserer List und Betrug zu
finden/als eine scheinbare Freundschafft
und erdichtete Liebe. Haben demnach
die Sabiner in dem Schoße des Friedens selbst den Römern einen so erschreck-
lichen Krieg über den Halß geführet/
welcher dem Römischen Reiche mehr
Gefahr gebracht/als sie jemaln bißhero
empfunden.

Die Sabiner haben sich heimlich berahtschlaget die Römer unversehens zu
überfallen. Ein heimlicher dunckeler
Rahtschlag dienet zu einen Knoten und
eysernen Banden die Volziehung aller
wichtgen Vorhaben und Verrichtung
zusammen zu ketten und feste zubeschlie-
sen; und ein stiller Handel unter wenigen wol berahtschlaget überschüttet die
Feinde mit dem hefftigsten Schlag.Re-
gen gröserer Gefahr / als der von der
Menge

Menge des Getümmels einer närrischen
Schwatzhafftigkeit entstanden nicht zu
verletzen vermag. Weßwegen Fürsten
und Herrn die Geheimnüssen ihrer Ra-
tio- Status in die Edel - Stein Käst-
lein der Verschwiegenheit einschliessen
sollen (mehr als das Gold und Silber)
welche sie nachmaln nach der Weise des
Donner- Blitzenden und Wetterleuch-
tenden Himmels hervor stralen lassen/
die alsdann die jenigen verblenden und
treffen / welche (ohne einig daran ha-
bendes Antheil) ihnen solche zuerfor-
schen unternehmen durffen; eine dergleichen Stats Regel haben die Sabiner
in diesem Kriege beobachtet und gebrau-
chet. Sie haben sehr weißlich mit einer
Untzen wichtigen Goldes der Klugheit
das hefftige Gifft des Zorns in einem so
grossen Gefässe zubereiten können/ welches sie wieder die Römer zu wüten an-
gezündet: dieweil der Mensche so weit
von den vernunfftlosen Thieren entfer-
net ist/ so vi l er mit der Vernunfft den
Zorn zu mässigen/ und selbigen zu ge-
legener

legenet Zeit mit Vortheil/ gewiſſer Ur-
ſache/ und zu ſeinen beſten zugebrauchen
weiß. Dieſe Völcker von den Römern
hefftig beleidigt/ haben die Liſt mit der
Macht vermiſchet / (ihren Sieg deſto
gewiſſer zu befeſtigen) und mit dem
Schilde des Friedens bedecket/ unver-
ſehens lauter Streit/ Tumult und Krieg
in Rom gebracht: Dieweil ſie alle zum
Kriege behörige Sachen in ſolcher ſtille
verfaſſet/ daß man die Thürangeln der
Pforten des Frieden-Tempels Janis
nicht ehe zuſchlagen und knarren hören/
biß man das Geſchrey deſſen vernom-
men/ der mit groſſen Bedrohungen an-
gekündiget/ man müſſe den groſſen Tempel des Kriegs-Gottes Mars öffnen;
und weil ſie den Weg gemeidet/ welchen
die Unvorſichtigen und Nachläſſigen zu
wandeln pflegen / daß ſie anfangs ein
groß Geſchrey machen / und ſich des
Sieges vor dem Treffen rühmen/ als
haben die Sabiner mit ſtillem Munde
unter den Schatten der ſanfften Lufft
einer Unbeweglichkeit ein Donner-Wet-
ter

er eines urplötzlichen Krieges horen/und
aus der Loder Aschen eines erdichteten
Friedens / und einer gedultigen Verschwiegenheit die Feners-Brunst der
Waffen und Martialischen Wühtens
auffrauchen und unstammen lassen.

Dan die Sabiner waren mit einer
grosen und vorsichtigen verwegenheit
bereit vor der Statt Rom versamlet/da
sie anfangs mit höchsten und behenden
vortheil in den Römischen Thurm ihre
Besatzung gebracht / dieweil der Tati-
us Sabinus des Spurins Tarpesus
Haupt-Mans der Römischen Festung
Tochter mit Gelde bestochen / durch welches mittel die Sabinischen Soldaten
in das Capitollum oder Schloß der
Statt Rom eingebrochen und selbiges
erobert. Es ist keine grössere Gewalt/
alß des Goldes Krafft/ zufinden/ die
Hertzen der Menschen ein zunehmen und
zuüberwaltigen/ und es sey ein Weib
so Frech und Wild wie es wolle/ so kan
sie doch leichte mit Geschencken Gezäh-
met und Bändig gemacht werden/ und

hat ein Kriegs Oberster keine beschwer
te in die tieffeste Gewahrsam eines wol-
befestigten Thurms zukommen daß wan
Er einen mit Golde beladenen Esell
darvor schicket / Er selbigen nicht gewinnen und Erobern solte. Der gei-
tzige Hunger eines Hertzens / sich von
der geniesung solchen Metals zuersatti-
gen / begehet alle schandligsten und un-
ehrligsten Dinge.

In Summa die mit dem guldenen
Namen erhaschete und gefangene Jungfrau er ofnete den Feinden des Schlo-
ses die Pforten. Sie war auß gangen
Wasser zuschopfen ein Opfer auf der
Burg zu volbringen / da seynd die ge-
rüsteten Sabiner mit ihren Waffen eingebrochen / diese haben inwendig der
Junkfrauen erwartet / und wie sie wieder kommen / selbige erschlagen / welches
ihr Verrähter-Lohn war. Dan Sie
von der Schwere der Waffen/ welche
die Soldaten der Feinde auf sie gewor-
fen / erdrücket worden. Und in dem
selbsten verbrechen ihre Strafe empfan-
gen

gen: dieweil Gott auf dergleichen Boß
heit eine sonderliche Straffe schicket
Und folget die Ruhte nicht zu spähr/
auff die Verbrechen der Verrähterey.
Sol demnach dieser jungen Dierne vorbilde alle Verrähter abschrecken; Dieweil ein solcher Fehler nicht allein ein
schandlige Aufrückung des Verbrecher-
ist/ sondern sol den nachkommen auch
zum Zaume und Zwanges-Bänden die-
nen/ dieweil die Verrähterey und Auf-
ruhr bey einen Fürsten nicht allein wider den Missthäter/ sondern auch wieder dessen Kinder / Hauß und Hoff/
Kräber und Bild-Säulen umb Rach-
ruffet/ welche auch die Verstorbenen in
der Erden biß ins Dreissigste und
Viertzigste Jahr nach abthilgung des
Verrähters verunruhiget: und solch
hefftig grosses verbrechen/ wil auch das
die Todten sollen Gequälet und Ange-
fochten werden/ damit die Lebendigen
einen Abschäu und Schrecken dabon
nehmen mögen. Siehe da des Tarpe-
jus Tochter sündiget und Sterbt in einen

nem Augenblicke; welches die Soldá-
ten entweder deß wegen gethan umb zuerkennen zu geben / als hätten sie die
Burg und Festung durch ihre Dapferkeit und nicht mit list und Verrähterey
eingenommen; oder auch (welches mir
ehe beduncket) daß sie dieselbe darum
Getödtet / denen nachkommen ein vorbilde vor Augen zustellen / daß kein ding
Vorachtlicher und Vngeräumter ist alß
die Verrähterey / und der Verrähter
ist dem Fürsten selbst verhasset / dem
Er die Verrähter-Dienste erwiesen:
den gleich wie die Verrähterey einem jeden wegen seines eigen Vortheils angenehm seyn / also wird der Verrähter
wegen desselbigen Vortheils und Nut-
zens Verachtet und gehasset.

Es war aber deß folgenden Morgens
die Generahl Quartier-Meisterin der
Welt-Regentin der Sonnen unter
dem hellen Himmels-Heer erschienen/
da das Römische Krieges Heer den gantzen Platz zwischen dem Berge Capito-
linus und Palatinus belegen / erfül-
let.

ſee. Die Sabiner hingegen ſtunden
auff der Spitzen der Burg/ gleich wie
die Falcken/ und zeigeten alß wolten
ſie in der That über ihre Feinde herab
Schleßen; die Römer aber von Zorn
getrieben/ von der Gewalt des Eyfers
angeführet/ und von der grimmigkeit
gezwungen die Freyheit zu beſchützen
und zuerhalten (welche mehr alß alles
Goldt der Welt zuſchätzen/und weil es
ein einig genaden Geſchencke Gottes iſt/
ſo iſt ſelbiges den Menſchen auch deſto
angenehmer als einige andere Gabe/
umb welcher willen auch die furchtſam-
ſten Leuten einen Muht faſſen) damit
ſie nicht unverſehns überfallen wurden/
haben ſie ſich an die Sabiener gemacht.
Und ob ihnen wol die unüberwindliche
Höchte und Befeſtigung des Berges eine unmüglichkeit einigen Vortheils zei-
gete/ haben ſie doch ihre ſtarcke Macht
gebrauchet/ (welches ein dienlig Werck-
zeug iſt alle Schwachen mühtig zumachen) und wie ſie mit groſer mühe und
Arbeit die unwegſamen Oerter durch gebrochen

rochen und den Berg überstiegen/ ha-
en sie den Thurn und Burg auch ein-
unehmen versuchet.

Alhier hat man mit Verwunderung
esehen wie beyde Heerfürer dieser zwey-
n Armeen im Streite so eyfrich / frey
nd rühmlich Gefochten und wieder ein
nder gestritten.

Die Römer stritten vor jhre Stadt.
)ie Sabiner Fochten vor die Ehre jh-
r Weiber. Diese hatten den Mett-
s Curtius zum Hauptmann. Jene
ber wurden vom Hostius Hostillus
ngeführet. Dieser gerieht an einen ge-
ihrlichen und schädlichen Ort/ da Er
icht allein einen rechten Helden/ nicht
üren / sondern auch rechte Flammen ei-
er grossen Hertzhafftigkeit hervor Stra-
n lassen.

Dan Er war allezeit in den ersten
liedern und wieder satzte sich dem heff-
gsten Anlauff/ und beschutzete den gan-
n Haufen. Aber wer die Gefahr sehr
eber der Sturtzet sich selbst hienab in
u Abgrund solcher Gefahr; dieweil
DEE

der untergang so viel leichter ist/weil Er
seinem wesen nach vergänlich und zo
brechlich. Wan Er selbst gelegenheit
suchet auf den Sturtz Fall zugerahten
Ist demnach der Hostilius erschlagen
worden / sein Todt aber war so viel
herlicher und rühmlicher / weil Er vor
das Batt.rland und die algemeine Frey
heit Gestorben; Zwey Dinge (umb de
rer willen der Mensch geboren wird) di
mit desto gröserer gedult umb jhrer selbst
willen den Tod beschleunigen und in der
Schantze des Todes zuwagen verursa
chen. Dieser Fall eines so grosen Kriegs-
Obersten veranlasten daß sich das Rö
mische Kr.egs . Volck gewendet die
Stad so den Sieg in Händen gehabt
müste wegen des verlusts eines einigen
Hauptmans den kurtzern zihn und sei
nen vortheil verlassen Der Todes
Fall des Heerführers einer Armee /
den Sieg bereit erlanget / hat selbst
viele in unordnung und verwirrung
bracht; darumist es eine Haupt Kriegs
Regel / daß wie ein Fürst und Feld
Herr

Herr dem Glücke seines Kriegs-Heeres
sol zu hülfe kommen und sich unter seinen Vnterthanen in Feld-schlachten finden lassen / also ist es ein Kluger und
heylsamer Raht / daß ein Furst nach
dem guhtachten aller erfahrnen Soldaten in einem sichern Orte beym Treffen
zu gegen seyn kan / wan Er nur ausser
Gefahr stehet. Dieweil die Victorie un
Sieg von Fürsten herrühret / seine Person erhelt den Lebens-Ahten der Fortun
en Kräfften / wan man die vergangenen und gegenwartigen Geschichte lie-
st. Wird man zu aller zeit-Altere deß-
gleichen Exempel finden. Einige Sieg-
liche Armeen haben in dem Augenblick
des erlangten Siegs durch den verlust
ihres Fursten das Feld verlohren / und
dem Feinde den Sieg wieder uberlassen
müssen. Andere Volcker weren in zeit
der Victorie über wunden worden /
weil sie ihren Feld-Obersten verlohren /
wan sie nicht vorsichtig und klüglig deß-
en Todt verborgen uns eine andere Person in des Königs Gestalt und Habiht
                                    verklei-

verkleidet/ und das gemeine Volck betrogen.

In Summa die vornehmste Person der Armee sol wol verwahret und
in achtgenommen werden. Gleich wie sie
der erste Himmel ist welchen die andern
umbschlüssen / und wie das Haupt-
Rath im Urwercke/ welches die andern
umbgeben. Das vorbilde des Todes
des Hostilius ist ein guht Original zu
einer Copie oder Haupt-Bilde einer Ab-
bildung. Bey dem Falle seines unter ganges wurd die Ordnung des Römischen Kriegs-Volcks gantz in unordnung bracht. Sie seynd gleich wie
die Schaffe von dem Wolfe gejaget ohne ordnung byß an die alte Pforten des
Bergs Palatinus geflohen. Romulus selbst von dem Tumulte des Volcks
zur Kleinmühtigkeit getrieben/ist solchem
Unglück entgangen. Er hat den Jupiter auf der flucht folgender gestalt ange-
ruffen: Gottheit ohne Ohren/und Gott-
lich wesen ohne Empfindung. Erin-
nerte der zu seinen Ehren auffgerichtet
Tempel

Tempel/ und gedachte wie er den Grund-
stein der Stadt nach seines Göttlichen
Nahmens Gefallen geleget und gegrün-
det.   Gelobete neue Kirchen und Got-
teshäuser aufzubauen. Versprach solche in dem Nahmen des Jupiters Sta-
tors zu weyen: Verhoffte durch solche
Nahmen-nennung solte sich das unor-
dentliche Kriegs Heer an selbigem Orte
wieder setzen und einen festern Fuß fassen.   Solcher gestalt wandte der König seine Augen gen Himmel/ rieff den
Jupiter an / und vertrauete ihm von
sich selbst so viel/ daß er in einer gleichsam
sichern Weise sagte.   An diesem Orte/
O ihr lieben Soldaten / will Jupiter/
daß ihr euch setzen sollet.   Darauff die
Flucht gestillet/ und der Lauff ihrer flüchtigen Füsse gehemmet worden.   Ich
Romulus versichere euch im Nahmen
des grossen Jupiters/ daß eure Feinde
werden in eure Hände fallen. Und wer
weiß nicht/ daß Jupiter ein verdamter
Geist/ und der als ein von jhnen vermeinet Göttlich Wesen weder Macht noch
              F   eini-

einigerley Gewalt gehabt. GOtt der
alle Dinge zu allen Zeiten wol geordnet
und vor der Zeiten Anfang alle Kriege
und Einbrüche der Feinde / derselben
Feldschlachten und Niederlagen gewußt/
umb die Stadt Rom zu einer solchen
Wunder-Statt zu machen/wie sie unter allen Heyden der Welt gewesen. Und
zu einē solchen Furcht und Schreckungs-
Blitz wie sie zu unsern Zeiten auff Erden
zu sehen ist/welche eine solche That nicht
zulässet.

Uber das ist der Glaube eines Menschen allezeit kräfftig gewesen Wunder-
dinge zu würcken. Ich finde unter den
Heyden zu Hierusalem einen Keyser/der
durch den Glauben eines Blinden über-
natürliche Dinge verrichtet. Seind
nicht in unserer einigen Christlichen Religion die Berge gewichen und die Tode
lebendig worden? Hat nicht unter dem
Jüdischen Volcke im alten Gesetze auff
den Glauben des Josua die Sonne ihren Lauff zurück gehalten? Mit einem
Worte zu schliessen/ das Haupt-Wesen
eines

eines jeden grossen Wunderwerckes ist
auff den Grundfelsen eines guten Glaubens befestiget worden.

Hat demnach auff des Romulus Zu-
sprechen das gantze Kriegs-Heer ihren
lauff nicht weiter nehmen/sondern Fuß
setzen wollen. Die Befehle eines Königes dienen beym Volcke zu bestetigung
grösser Beglaubigung und Zuversicht. Ein
iegtlicher wolangesehener Fürste unter seinen Unterthanen wird seine Satzungen
und Befehle unveränderlich und unum-
stößlich finden. Ein schlechtes Wort
eines Feld-Obersten dienet ihm zu grossen Respect und Gehorsam bey seinen
Soldaten. Siehe wie Romulus seiner
flüchtigen Armee sich zu setzen befohlen/
daß sie alsobalde Stange gehalten. Er
gibt zuverstehen daß Jupiter solches haben will / und seine Soldaten glauben
solches. Darauff sich der König alsobalde in die ersten Glieder begeben. Wie
und Metus Curtius der Sabiner Führer sich von der Höchte in das ebene Feld
begeben/ und von dem Gebürge des Thar-

wie

mes die Römer wieder zurück getrieben,
und verjaget / (wie gesaget) die von der
Pforten des Berges Palatinus keine
Hülffe erlanget. Da hat er seinen Mitgesellen zugeruffen: Sehet unsere treu-
lose Freunde seynd überwunden / sehet
unsere schwache und verzagte Feinde
seynd geschlagen / laßt sich nun diese Räuber unserer Jungfrauen rühmen der Titel der Oberwinder der Weiber / da uns
uns mit höchstem Lobgeschrey überwin-
der der Männer rühmen können. Also
haben alle Soldaten der Sabiner aus
ihres Obersten Lobgesang gejauchzet
und gefrolocket / mit Heulen / Schreyen /
Schimpfen und Schendieren den Römern nachgeruffen. Laufft / laufft ihr klein-
mühtigen verzagten Gäste. Der Jungfrauen Raub ist von der Stärcke der
Waffen unterschieden. Man gehet einen
andern Weg zu dem Tempel des Raubes / wie man durch andere Pforten zu
den Mittel-Punct des Todes gelanget.
Flieget / flieget ihr nichtswürdige Schel-
men und Diebe. Der Wagen der Liebe

lan

kan wieder die Läuffer des Krieges nicht bestehen. Ihr werdet (O zum Schlagen verzagte und ungeschickte) ein schön Gedächtnüß bey der Nach-Welt hinderlassen/ ihr die ihr mit solcher Hertzhafftigkeit einen Hauffen wehrloser Jungfern beraubet. Ein anders ist es die furchtsamen Hasen jagen; Ein anders ist es auch den Beren/ Thygern und Löwen entgegen zugehn. O du zwar neues/ aber nach zufolgen unwürdiges Volck!

Höre aber du neues Römisches Volck
Ob du gleich dapfer bist durch Raub
Jungfern zu kauffen/
Kanstu aus unsrer Hand/ dem Tod doch
nicht entlauffen.

Mit solchen und dergleichen schmeyß Worten gerahten die Sabiner von einer Unsinnigkeit der Rache in die andere. Welches eine Sache ist/ dessen gleichen ein beleidigt Hertze nichts liebers hat; und eine Seele/ die nicht erkennet/ wie groß/ nützlich/ und rühmlich bey GOtt/ und bey den Menschen löbwürdig sey/ von Hertzen seinem Nechsten seine Fehler vergeben. F iii Romu-

Romulus aber hat ohne fernere Wor-
ee zu brauchen grosse Dinge vorgenommen und verrichtet/dieweil die Plaude-
rer ins gemein von vielen Worten und Geschrey und von wenig Thaten seyn. Er
stellete seine Völcker an einen sichern Ort/
griff den Mettus Curtius mit grossem
Ernst an; trieb ihn mit solcher Dapffer-
heit zurücke/daß er ihn gezwungen (wofern er nicht wollen in Todtes Gefahr gerahten)aus seinen Händen zuentfliegen.
In wichtigen Kriegs-Verrichtungen
vermag eine wolgefasste Resolution und
muhtiger Angriff viel aus richten. Das
Hertze eines großmühtigen Kriegs Obersten kan ihm auch in der eussersten Noht
die Pforten zum Tempel des Sieges er-
öffnen. Siehe Romulus war durch
lassung des wiederwertigen Glückes
wunden/welcher mit seiner grössey
hafftigkeit des Gemühtes/und ste
setzung des Streites lehret/wie un
Ende und der Außgang des Kr
Und wie zugleich/so lange die
der Armen nach leben/die Hoffn

des Sieges auch allezeit lebhaff und
frisch bleibet: dieweil sich das Meer/der
Himmel und das Glücke in einem Augenblick verändern. Das erste verwandelt seine liebliche Meerstille/ in ein un-
gestühmes Wellen-Brausen. Der andere verfinstert seine Klarheit mit einem
Donner-und blitzenden Ungewitter/und
die dritte versteckt ihr schönes Gnaden-
Gesicht unter die schwartze Trauer-Lar-
ve. Von diesen drey veränderlichen Dingen kan der Mensche anders nichts als
Unbeständigkeit und Veränderung ver-
muhten seyn. Ober alles aber dienet bey
einer Armee ein dapferer und guter Muht
des Obersten denen Soldaten zum sonderlichen Exempel. Der flüchtige Ro-
mulus/ fasse wieder einen Fuß/ geht sel-
nen Feinden unter Augen / jagt ihren
Hauptman in die Flucht/dem seine Römer folgen/ und ein jeder so Manhafft
und dapfer in die Feinde gesetzet/daß die
Sabiner/ so zuvor der Uberwundenen
gespottet/das Hasen Pannier auf sich genommen und sich verlohren gegeben/ und

F iij   sich

ſich ohne einige Richtſchnur in dem Laſirinthe gefunden/ in welches ſie kurtz vorhero die Römer verwickelt/ o groſſe Ungewißheit Menſchlichen Troſtes und Freuden.

Metius der Sabiner Hauptmann hat ſchneller als der Atlas oder die Hippomene geeylet. Worzu ihn die angeſchaute Grauſamkeit des Handels/ die Furcht des Todtes/ und das Getümmel der Uberwinder die hinter ihm hergerennet und geſauſet/ angetrieben/ gleich wie ein ſtarcker Weſt-Wind in das Getreydte auff dem Felde gewehet/ und in ſo viel Zufällen in Furcht bracht/ ſein Pferd aber hat ſich noch mehr als er ſelbſt entſetzet/ von welchen er auff einem hohen Uſer zuſtürtzen getrieben/ da er die ſchwere des Pferdes zu melden/ welche ihn auff den Halß gefallen/ ſich aus dem Sattel geſchwungen/ und in einen tieffen/ ſumpfigen Pfuhl geſprungen.

Wie der Sabiner Hauptman vor ihren Augen verſchwunden/ ſeynd ſie alle aus der Unordnung kommen und haben die

Kk

Römern den Rücken zum besten geben.
Mettius in einen stinckenden Sumpf
steckende/ ist nicht in Lebens-Gefahr ge-
rahten/ sondern hat sich unbeschädigt wieder aus dem Moraste zuerheben und aus-
zusteigen bemühet. Er kam von sich selbst
wacker aus dieser Pfützen/ und wie er wieder an das Ufer kommen und ein ledig
Pferd lauffen sehen/ hat er den Sattel-
Knopf mit der Lincken feste ergriffen und
sich in einem Sprunge in den Sattel ge-
schwungen/ da er die flüchtigen Sabiner
härte bestraffet und die gelobet/ welche sich
aber gewehret/ und hat seine flüchtige
und zerstreuete Armee balde wieder in gute Ordnung bracht.

Hingegen die Römer zu einem neu-
en Streit angelocket/ haben den Kampf
nicht abgeschlagen/ sondern angefangen
ihre Schwerter blitzen/ und ihre Spiesse
und Pfeile donnern und hageln zu lassen.
Beyde Armeen stunden zwischen zwey
grossen Bergen mitten in einem stinckenden und tieffen Thale. Alhier erfoderte
des Mars Grimm des Mors oder To-des

J v

ges Bitterkeit. Und opferten diese beyden Völcker auff den Altaren der ...
Zorn brennenden Hertzen die Schlachtopfer deß Blutes ihrem grimmigen un-
ersättigen Eyfer auff. Der Krieg ist ...
Mutter des Verderbens und Gebärerin
des Elendes/ Werckmeisterin des Un-
heils/ Gefahr und Schaden/ und eine
...ssige Verzehrerin des ...
unter den Menschen: dennoch würde die
Welt ohne dich von Neuung ...
und würden sich die Menschen ...
dem Müßiggang/ Faulheit und ...
ten ergeben/ und sich in abscheulicher ...
ster/ als anjetzo noch im Schwang gehen/
bekleidet/ daß sie der Natur selbst ...
lich und abschäulich erscheinen möchten.

  Romulus hat die überwunden ... und
sie dergestalt auffgerieben/ daß sie auß
der Welt anders mehr nichts zu erwarten
als sich in dem Gedächtnüß der vergangenen Geschichte zu erhalten/ und nach
dem Exempl. der Trojaner zu sagen! ful-
mus Troes, wir seynd Trojaner gewe-
sen/ wan sie nicht eine unversehene Hülff

bey Wolfarth geschützet/ und sich wieder
zu erfrischen Versehung gethan.

Die armen beängsteten Sabinerin/
nunmehr von den Römern zu ihren Eh-
weibern genommen/ haben ihnen solchen
Jammer und Elende vor Augen gestellet/
so umb ihrent willen entstanden/und weil
sie ihre neue Ehemänner so sehr/ als ihre
alte Großväter/ Väter und Eltern/ ge-
liebet/ seynd von der eusersten Noht getrieben worde/welche offtmaln eine Mutter eines heylsamen Rahts/und eine Hel-
ferin dapferer Großmühtigkeit/ seyn mit
fliegenden Haren/ hengenden Flechten/
zerrissenen Kleidern/ungestalten erbärm-
lichen Angesichtern/ und weinenden Au-
gen/zu desto grössern Mitleiden zubewe-
gen/und mit solchem Handel des eussersten Erbarmens die Gemühter der beyden
feindseligen/ergrimmeten Völcker zu ü-
berwinden/ in den tieffen Grund hinab
gelauffen/und daselbst von hefftiger Ge-
mühts-Regung getrieben sich mitten unter die Wurffspiesse und Pfeiler/ die zwischen den streitenden Parteyen gesauset/

mit

mit erbarmender Schönheit/und reitzen-
den Lockungē des Erbarmens gewafnet/
gewaget/ und sich zwischen die eine und
andere schlagende Armee zubegeben er-
kühnet : Vnnd wie sie ihre natürliche
Furchtsamkeit überwunden (ein solch
großes Vbel zuüberwinden) haben sie
an allen Seiten Gewalt gebrauchet/und
sich bemühet mit Honigsüssen Bitten
die Feindlichen Hauffen von einander zu
bringen/ vermeineten den Zorn zu brech/
und den Eyfer der Gemühter der Kriegenden Regimenter zubesänfftigen/ der-
gestalt/daß wie sie sich zwischen die Sabiner und Römer gesetze/haben sie ihnen
unternommen diese mit den Nahmen
hertzliebster Ehemänner/ und jene hertzliebster Väter zu nennen/ und sie zum
Frieden zu vermahnen/ sich auch bemühet beyderseits in den Stand einer algemeinen Vertraulichkeit zu bringen. Sehet da (sagten sie) die elenden freywilli-
gen Schlachtopfer zur Aufopferung dieses Krieges. Der Himmel/und die Götter des Himmels werden zum wenigsten
unsere

unsere Bitte erhören/ wan ihr taub seyn
wollet/ihr unsere Väter/und unsere Ehe-
männer/giesset ewren Eyfer über uns aus/
und ersättiget/ als Schwiegerväter und
Schwäger/ ewre Wüterey und Unsinnigkeit der Rache von euch selbst. Ach
wollet ihr der Freundschaft vergessen/mit
ewren Blute selbst die Verwandschafft/
so euch verknüpfet/beschmitzen! Ach wollet ihr nimmer von solchem blutigen streit
ablassen! welcher so grausam ist/daß der
Sieg nimmer herrlicher seyn kan. Dan
aus den gesamleten Zehren/am Ende der
zwey streitenden Freunde/ oder zweyer
kriegenden Blutsverwandten / der sieg/
wem er auch zufalle/ausserhalb allein den
Feinden zur Lust und Freuden diene.
Nachdem der Uberwinder selbst/ wann
sich die Wuht des Zorns geleget/und er
seinen Freund zum Füssen liegen sihet/
oder seinen Verwandten erschlagen fin-
det/ breitet er nicht seine triumphirende
Siegeszeichen aus/sondern stellet trauer
Spiele des Klagens und Schmertzens
an/ und richtet die Leichen-Fahnen des
Gedächt-

Gedächtnüſſes der erſchlagenen Freunde
auff. Ach ihr Eltern höret auff von ſolche
grauſamen Kriege/umb der Liebe willen
die ihr zu uns traget/ und ihr Mütter
thut ſolches/ umb der zuneigung wil-
len/ die ihr zu uns geſchöpfet. Ihr lieben Männer wollet doch eure ſelbſt
Früchte mit euren eigenen Blut eines
Vattermords nicht beſchmitzen/ und ihr
lieben Vätter wollet doch eure Neben
Neſen nicht durch ſolche Rauf und
Schaden zuverderben gedencken! löſch-
het die grimmige Brunſt des Zorns aus/
und ſtecket die rachierigen Schwerter
in die Scheiden. Wan ihr begehret
die Haupt-ſache ſolchen Streits aus
zu Rotten/ ſehet da ſeynd wir mit offe-
nen Schoße und bloſen Brüſten alle be-
reit/ die Sereiche und Stiche eurer
bluhttrieffenden Schwerter an zuneh-
men/ in uns/ in uns kehret und ſtoſſet
die Spitzen eurer Spieſſe. Und drü-
cket und ſchüſſet die Poltzen und Pfeiler
eurer Köcher und Bogen auff das Ziht
unſerer Hertzen. Unſer Tod dienet
zum

zum Friede zweyer benachbarten / be
freundten und Blutsverwanten Völcker. Wie viel anders als die Griech-
sche Helena gesinnet und genaturet stellen uns vielleber zu Brandopfern dar/
den Friden von dem Himmel wieder
zu Rom zubringen/als daß wir mit nassen Augen / wehmühtigen Hertzen / der
Eltern und Männer jämmerlich Be-
raubet/zwey verwüstete Königreiche und
eine Zerstörete Stadt anschauen solten.
Ihr Väter sehet eine so schöne und hoch-
ansehnliche königliche Burg / sie wird
von den Göttern beschützet/ und ist von
dem Himmel zum Haupte der Welt be-
stättiget / und zum Glantz der gantzen
Natur auf Erden geordnet worden: ach
nehmet uns andern elenden Weibern lieber unser wesentlich Seyn und gantzes
Leben / als das ihr die Welt-kugel einer
so herlichen/einer so reichen Stadt be-
rauben sollet. Wan wir gleich Sterben / so wird es doch an Weibern in
der Welt nicht mangeln/aber wan Rom
in ihren ersten Alter ausgerottet und ge-
schleife-

schleiffet / so wird die Welt nimmer ein
so schönes und herliches Rom sehen.
Wir werden im Sterben viel besser als
im Leben als Witwen unserer lieben
Männer beraubet / getröstet. Das Ue-
bel ist nun begangen / und kan nicht
seyn / daß es nunmehro nicht solte geschehen seyn. Haben uns die Römer
geraubet / so haben sie uns aus Noth
weggenommen. Eine jede unter uns
ist mit den Schleyer des heyligen Eh-
standes bedecket / und mit einem rühmlichen Ansehn geehret. Es ist kein Handel der Geylheit / der unreine und die
ursache gewesen uns zu Schwächen und
zubeschädigen / dieweil die Ehe zur Entschuldigung eines jeden Nohr-Zwanges
dienet.

Mit solchen und der gleichen rühren-
denden und beweglichen Gesprächen be-
sich die Sabienerin in dieser Sache bedienet / haben sie den Streit aufzuheben
gesucht / da sie balde ihre Männer an einer seiten umb Halset / bald an der andern seite ihre Väter Geküsset / und be-

K

de mit heissen Thränen genetzet / (eine
grose / aber wahrhaffte Sache) stehe da
haben sie mitten unter dem Grim und
Wühe den Zorn und Eyfer gestillet/und
ist in einem Augenblicke aus dem Eingeweyde des Krieges der Friede gebohren
worden.   Sehet die Worte dessen / der
saget / das eine Frau mit Weinen hin-
derlist.und Betrugs Netze stellet/bekräff-
tigen in diesem Handel gantz nichts.
Zwischen den Römern / und Sabienern
weynen nur die einfaltigen und hipschen
Jungen Weiberlein / und tragen den
Friede und Ruhe darvon/ und machen
aus Zorn Freundschafft.

Haben demnach die zehren/und Klagen
der Weiber / offtmaln (wan auch gleich
selten) ein Vorbild des Glaubens und
Aufrichtigkeit in sich. Die Haupt-
Leute/   Soldaten und Romulus selbst
haben auff eine so unvermuhtete Erschei-
nung und wunderbares trauer Spiel/
den Zorn unnd Eyfer aufgehaben.
Und nachdem ein jeder die Hare auff
seinen Haupte auß liebe und Zunei-
                                    gung

ung auß den Augen gestrichen und wieder zurechte gesetzet / ist keiner mehr zu
finden gewesen/ der das Hertze gehabt einen Grim und Eyfer fortzusetzen.

Aller Tumult / welchen der Streit
zubringen pfleget / und alles Getümmel
und Geschrey / so auß der unordnung
einer Feld-Schlacht entstehet / hat sich
in ein angenehme Stille verwandelt. Ist
in ein unaußsprechliches Stillschwei-
gen verkehret. Ein plötzlicher zu fall
veranlasset eine algemeine Entsetzung.
Ein augenblicklicher Fall / verursachet
eine langwührliche Ruhe. Die Aschen
der Frommigkeit haben die Flammen
des Zorns außgeleschet. Das Feuer des
unwillens ist vom Wasser des Mitley-
dens gedämpfet worden. Der Ruma
und Getümmel des Krieges ist in das
Grab der Einigkeit verscharret worden. Der Haß ist von der Liebe auf ge-
haben worden: der Friede hat in der Feld-
Schlacht Triumphirt. Die Siegs-Zei-
chen der Liebe haben die Standarten
der Uneinigkeit zerbrochen. Die stätt-
rige

dige Zanck Sucht hat dem beständigen
Bande ein raumes Feld eröfnet. Vñ
mit kurtzen zuschliessen die feindlichen
Hauptleute und Soldaten einer wieder
den andern entrüstet/ haben den Habit
des Eyfers abgelegt und den Rock der
Sanfftmuht angeleget/ und ist auß dem
Streite ein unvermuhteter Stillestandt
gemacht worden. Dieser alß des friedens Schwester hat selbigen wie sich zu
den Armeen geführet. Welcher von der
Römer und Sabinern Kriegs-Heeren
mit grosen Frolocken und Jauchtzen willen und vergnügen auff und angenommen worden.

Auß den donner und blitzenden Wolcken eines grausamen Krieges seynd die
hellen Sonnen-Strahln/ eines heylli-
gen Friedens erschienen/ die beyde feindlichen Städte haben sich vereiniget/ und
sich in eine einige verwandelt/ und das
Königreich der Römer und Sabiner
so ihren ein Rahmen und Gühter ver-
sparet/ hat sich unzertrenlich in eines
Verbunden; Der gantze Staat ist nach-
mäln

malt in Rom versetzet worden. In dieser an halich- und herrlichen Stadt ist
die Königliche Residentz zweyer Königreiche aufgerichtet worden. Rom ist mit
duppelten Mauren umb Schlossen worden. Ihr umbfang ist erweitert worden.
Das gantze Sabinische Volck hat sich
mit seinem Königlichen Thron dahin
begeben. Daselbst seynd die Römer selbst
(dem Nahmen der Sabiner einigen
Glantz zugeben) Quirites genannt wor-
welche Nahmen-Nennung von der Sabiner Stadt hergenommen worden/ welche vor Alters Quire genant worden.

Zu bezeugung der Liebe/ so das eine
Volck gegen das andere Geschöpft/ ist
auch beliebet worden (den Nahmen des
Orts/ da Kurtius aus der sümpffigen
Pfützen entkommen/ der Nachwelt sich
ein zu schreiben) denselben des Kurtius
See zunennen. Dieser auß den Wurtzeln
eines so bittern Krieges entsprossene Frie-
de/ hat nachmaln verursacht/ daß die
Sabinischen Weiber ihren Männern
desto lieber gewesen. Wan ob sie gleich
so

so viel unheyl Veranlasset/die deß Me-
nelaus Weibes Handel gantz entgegen
gelauffen/ haben sie sich doch/ an stat daß
sie ihre Königreiche sollen in der Aschen
aufflügen lassen / zwischen der Feinde
Kriegs-Lager begeben/und die Feindse-
ligen Völcker mit einander verglichen.
Die Vätter haben gleichfals ihre geraub-
te Sabinische Tochter hefftiger geliebet/
und höher gewurdiget/ dan weil sie dieselbigen in solchen Schlüße und gefasten
vorhaben so fertig und Klugsinnig gesehn
und in der zeit der Noht so wol heilsamer
Rahtschläge/ haben sie selbige alß Werck-
zeuge des Friedens un Einigkeit und nicht
des Haders und Uneinigkeit gebohren
zu seyn geschatzet. Wie sonst mehrmals
selbiges Geschlechte zu seyn pfleget/ umb
derer willen so wol die privat-Feindschafft
und Zweyspalt viel tausend Menschen in
des Todes-Schlund gesturtzet / als die
offenbaren Kriege die Herrligsten und
Mächtigsten Städte aus dem Grunde
erstöret. Romulus selbst hat nachmaln
die grosse würde zubeweissen / so Er wegen

gen einer so rühmlichen That verhafft
erkant / da Er die Stadt in dreissig zünff-
te oder Gemeine abgesondert / dieselbigen
alle nach dem Nahmen einer auß denen
Sabinischen Weibern / genant / die so
 am. Adeligsten / Tugendhäffresten und
Mühtigsten erscheinen lassen / und also
unter das Getümmel der Waffen den
stillen Friede gebracht / und in des Kriegs-
Gottes Mars Tempeln Die Deh: zeu-
ge des Friedens und der Liebe gemacht.
In derselbigen zeit seynd nachmahls der
Ritter-Stande in Rom beschrieben und
geordnet worden. Die Centurien oder
Hundert-Manschafften genant worden.
Die erste ist Ramnensis vom Romulus
den ersten Römischen Könige. Die andere Tatiensis vom Titus Tacius / die dritte Luceris / dessen Rahmens ursprungs
Gedächtnüß bey den Geschicht-Schrei-
bern nicht wol zufinden / genant worden.

Endlich ist das neue Reich nicht allein
beyden obbenahmten Königen gemein
gewesen / sondern es ist auch eine geraume
Zeit von jhnen in höchster Eintracht ver-
waltet

waltet worden; wie gleichfals viel Jahre
hernach die zwey Römischen Käyser ge-
than/welche beyde friedsam und einhellig
den Käyserlichen Thron bestiegen; mit
gleichstimmigen Willen die Welthändel
verwaltet/und nachmaln mit beyderseits
Belieben den Käyserlichen Purpur aus-
gezogen/und nebst dem Zepter und Krone die Käyserliche Würden abgeleget.
Romulus hat mit den Tacius den Königlichen Stuel der Statt Rom beses-
sen/und denen Rahtschlägen und Händeln seines Mit-Regenten mehrentheils
beygepflichtet/ist aber nachmaln von dem
Dioctetianus und Maximinianus unterschieden gewesen/welche nach abgeleg-
ter Käyserlichen Regierung in guter Einigkeit mit einander ein Privatleben geführet. Dan wie Titus Tacius in Vn-
einigkeit und Streit gerahten/vom Volcke erschlagen worden / hat Romulus
nicht einig Zeichen der Betrübniß spüren lassen; Wie er aber das Regiment
alleine geführet / hat er zuerkennen geben
daß er besser zu frieden alleine als nebst
einem

enen Mitherrscher den Königliche Thron
zubesitzen; Weil solches entweder also
angestalt/damit er sich als ein Gerechtig-
keitliebender Mensch erzeigete/ weil Tacius wegen eines von ihm begangenen
unrechtfertigen Handels das Leben verlieren müssen/oder weil die Monarchische
Reiche keine Zertheilung leiden/ oder
zweyköpfige Wunderthiere seyn wollen.
Romulus hat vermeint es were viel
sicherer/daß der Zepter alleine von einer
Rechten gehandhabet und gehalten wür-
de/und were die Gesellschafft im Reiche
nicht auffrichtig und Glaubenfeste
zu halten.

Außgang der geraubten Sabinerin.